ADMIS SANTÉ

CONCOURS 2019 - 2020

AS • AP

IFAS • IFAP

Actualité sanitaire et sociale

en 40 fiches

Elisabeth Rousseau-Proudhom

Dirigeant d'un établissement pour jeunes enfants

Vuibert

ISBN : 978-2-311-20733-0
Conception de la couverture : Séverine Tanguy
Conception de l'intérieur : Bleu T
Composition : SCM, Toulouse

Site Internet : http://www.vuibert.fr

Sommaire

Présentation des concours

Aide-soignant[1]

Il est possible de passer le concours d'admission dans un institut de formation d'aide-soignant si vous êtes âgé d'au moins 17 ans à la date d'entrée en formation. Aucune dispense n'est accordée. Aucune limite d'âge supérieure n'est fixée.

Inscription au concours

Pour s'inscrire, il faut contacter l'école dans laquelle vous désirez passer le concours afin de retirer un dossier d'inscription. Il est possible de s'inscrire dans plusieurs écoles.

Condition de diplôme

Aucune condition de diplôme n'est requise pour se présenter à ce concours d'entrée.

Dispense (article 6)

Sont dispensés du concours d'entrée (pour l'écrit d'admissibilité) :

- Les candidats titulaires d'un titre ou diplôme homologué au minimum au niveau IV ou enregistré à ce niveau au Répertoire national de certification professionnelle, délivré dans le système de formation initiale ou continue français.
- Les candidats titulaires d'un titre ou diplôme du secteur sanitaire ou social homologué au minimum au niveau V, délivré dans le système de formation continue initiale ou continue français.
- Les candidats titulaires d'un titre ou diplôme étranger leur permettant d'accéder à des études universitaires dans le pays où il a été obtenu.
- Les étudiants ayant suivi une première année d'études conduisant au diplôme d'État d'infirmier et n'ayant pas été admis en deuxième année.

Pour les formations passerelles (auxiliaire de puériculture, auxiliaire de vie sociale et mention complémentaire), il n'est pas nécessaire de passer le concours d'entrée.

1. Cette présentation est réalisée à partir de l'arrêté du 22 octobre 2005 relatif au diplôme professionnel d'aide-soignant.

Épreuves du concours

Admissibilité

- Une épreuve à partir d'un texte de culture générale : explication des idées principales du texte et commentaire des aspects essentiels du sujet traité.
- Une épreuve à partir d'une série de dix questions : cinq questions de biologie humaine, trois questions portant sur les quatre opérations numériques et deux questions d'exercices mathématiques de conversion.

L'ensemble de cette épreuve écrite, d'une durée de deux heures, est noté sur 20 points (12 points pour la culture générale, 8 points pour la série de dix questions).

Épreuve d'admission

Cette épreuve ouverte aux candidats déclarés admissibles consiste en un entretien avec deux personnes :

- Un directeur d'un institut de formation d'aides-soignants ou d'un institut de formation en soins infirmiers ou un cadre de santé ou un infirmier enseignant permanent dans un institut de formation d'aides-soignants ou dans un institut de formation en soins infirmiers.
- Un infirmier cadre de santé accueillant des élèves en stage.

Elle se divise en deux parties :

- Présentation d'un exposé à partir d'un thème du domaine sanitaire et social.
- Discussion avec le jury sur la connaissance et l'intérêt du candidat pour la profession d'aide-soignant.

Cette épreuve orale d'admission est notée sur 20 points (15 points pour l'exposé et 5 points pour la motivation).
Cet entretien est destiné à apprécier l'aptitude du candidat à suivre la formation (capacité d'argumentation et d'expression orale), ses motivations et son projet professionnel.
Le candidat dispose de 10 minutes de préparation sur le thème sanitaire et social.
L'épreuve est d'une durée maximale de 20 minutes.
Le candidat doit obtenir au moins 10 points sur 20 pour être admis (seuil éliminatoire).

À l'issue de ces épreuves, un classement est établi dans chaque institut selon les notes obtenues. Le candidat en liste principale intégrera le centre de formation s'il donne son accord. Le candidat en liste complémentaire sera appelé à intégrer l'institut de formation en cas de désistement sur la liste principale.

L'admission définitive dans un institut de formation d'aides-soignants est subordonnée à la production :

- Au plus tard le premier jour de la rentrée, d'un certificat médical attestant que le candidat n'est atteint d'aucune affection physique ou psychologique incompatible avec l'exercice de la profession.
- Au plus tard le jour de la première entrée en stage, d'un certificat médical de vaccinations conforme à la réglementation en vigueur fixant les conditions d'immunisation des professionnels de santé en France.

Auxiliaire de puériculture[1]

Il est possible de passer le concours d'admission dans un institut de formation d'auxiliaire de puériculture si vous êtes âgé d'au moins 17 ans à la date d'entrée en formation. Aucune dispense n'est accordée. Aucune limite d'âge supérieure n'est fixée.

Inscription au concours

Pour s'inscrire, il faut contacter l'école dans laquelle vous désirez passer le concours afin de retirer un dossier d'inscription. Il est possible de s'inscrire dans plusieurs écoles.

Condition de diplôme

Aucune condition de diplôme n'est requise pour se présenter à ce concours d'entrée.

Dispense (article 7)

Sont dispensés du concours d'entrée (pour l'écrit de culture générale) :

- Les candidats titulaires d'un titre ou diplôme homologué au minimum au niveau IV ou enregistré à ce niveau au Répertoire national de certification professionnelle, délivré dans le système de formation initiale ou continue français.
- Les candidats titulaires d'un titre ou diplôme du secteur sanitaire ou social homologué au minimum au niveau V, délivré dans le système de formation continue initiale ou continue français.

1. Cette présentation est réalisée à partir de l'arrêté du 16 janvier 2006 relatif au diplôme professionnel d'auxiliaire de puériculture.

- Les candidats titulaires d'un titre ou diplôme étranger leur permettant d'accéder à des études universitaires dans le pays où il a été obtenu.
- Les étudiants ayant suivi une première année d'études conduisant au diplôme d'État d'infirmier et n'ayant pas été admis en deuxième année.
- Pour les formations passerelles (aide-soignante, diplôme d'auxiliaire de vie sociale et mention complémentaire aide à domicile), il n'est pas nécessaire de passer le concours d'entrée.

Épreuves du concours

Admissibilité

- Une épreuve à partir d'un texte de culture générale : dégager les idées principales du texte et commenter les aspects essentiels du sujet traité (deux questions).
- Une épreuve à partir d'une série de dix questions : cinq questions de biologie humaine, trois questions portant sur les quatre opérations numériques, deux questions d'exercices mathématiques de conversion.
- L'ensemble de cette épreuve écrite, d'une durée de deux heures, est notée sur 20 points (12 points pour la culture générale, 8 points pour la série de dix questions).
- Il y a également un test qui évalue l'attention, le raisonnement logique et l'organisation. Cette épreuve, d'une durée d'une heure trente, est notée sur 20 points.
- Le test d'évaluation d'aptitude doit être passé par l'ensemble des candidats (les candidats titulaires de certains diplômes peuvent être seulement dispensés de l'épreuve de culture générale).

Épreuve d'admission (article 9)

Cette épreuve ouverte aux candidats déclarés admissibles consiste en un entretien avec deux personnes :

- Un directeur d'un institut de formation d'auxiliaires de puériculture ou d'un institut de formation de puéricultrices ou d'un institut de formation en soins infirmiers ou une puéricultrice enseignant permanent dans un institut de formation d'auxiliaires de puériculture ou dans un institut de formation de puéricultrices ou dans un institut de formation en soins infirmiers.
- Une puéricultrice cadre de santé ou une puéricultrice directrice d'un établissement ou service accueillant des enfants de moins de six ans ou un infirmier cadre de santé accueillant des élèves auxiliaires de puériculture en stage.

Elle se divise en deux parties :

- Présentation d'un exposé à partir d'un thème du domaine sanitaire et social.
- Discussion avec le jury sur la connaissance et l'intérêt du candidat pour la profession d'auxiliaire de puériculture.

Cette épreuve orale d'admission est notée sur 20 points (15 points pour l'exposé et 5 points pour la motivation).
Cet entretien est destiné à apprécier l'aptitude du candidat à suivre la formation (capacité d'argumentation et d'expression orale), ses motivations et son projet professionnel.
Le candidat dispose de 10 minutes de préparation sur le thème sanitaire et social.
L'épreuve est d'une durée maximale de 20 minutes.
Le candidat doit obtenir au moins 10 points sur 20 pour être admis (seuil éliminatoire).

À l'issue de ces épreuves, un classement est établi dans chaque institut selon les notes obtenues. Le candidat en liste principale intégrera le centre de formation s'il donne son accord. Le candidat en liste complémentaire sera appelé à intégrer l'institut de formation en cas de désistement sur la liste principale.

L'admission définitive dans un institut de formation d'auxiliaires de puériculture est subordonnée à la production, au plus tard :

- Le premier jour de la rentrée, d'un certificat médical attestant que le candidat n'est atteint d'aucune affection physique ou psychologique incompatible avec l'exercice de la profession.
- Le jour de la première entrée en stage, d'un certificat médical de vaccinations conforme à la réglementation en vigueur fixant les conditions d'immunisation des professionnels de santé en France.

Témoignages

Témoignage d'un professionnel jury d'oral

« Comme tous les ans, je vais faire passer des oraux aux futurs élèves aides-soignants.
Vais-je rencontrer des candidats motivés, intéressés, conscients de la réalité professionnelle ? Vais-je trouver le futur stagiaire auquel je vais avoir envie de transmettre mon métier ? Vais-je trouver le futur professionnel qui partagera dans un an mes valeurs professionnelles, l'attention que je porte aux patients et à leurs familles, qui sera compétent, avec qui je travaillerai en toute confiance et qui s'adaptera à mon équipe ?
Tel est l'enjeu de cet oral pour moi. »

Témoignage d'une candidate au concours d'auxiliaire de puériculture

« Pour mettre toutes les chances de mon côté, un an avant de passer le concours, j'ai utilisé un livre sur les thèmes sanitaires et sociaux, que j'ai complété par une lecture régulière de la presse.
Je me suis entraînée régulièrement à faire des plans de réponses possibles sur les thèmes d'actualité. Par exemple, pour l'obligation dès 3 ans de l'instruction, j'ai mis par écrit la situation actuelle, les avantages, les inconvénients.
Pour préparer l'oral, j'ai fait un stage en crèche qui m'a permis de bien voir les conditions de travail des professionnelles.
Je me suis sentie prête à affronter l'épreuve et je l'ai réussie. »

Auto-évaluation

Partie 1

① La population française au 1er janvier 2018 est de 67,2 millions d'habitants.

☐ Vrai ☐ Faux

② La France est le pays le plus peuplé de l'Union européenne.

☐ Vrai ☐ Faux

③ Les principaux acteurs de la politique familiale sont les collectivités locales.

☐ Vrai ☐ Faux

④ L'adulte qui détient l'autorité parentale a reconnu l'enfant.

☐ Vrai ☐ Faux

⑤ La France compte 6 millions de plus de 75 ans, ils seront 12 millions en 2060.

☐ Vrai ☐ Faux

Partie 2

⑥ Les femmes occupent plus souvent des postes à temps partiel que les hommes.

☐ Vrai ☐ Faux

⑦ Est pauvre une personne dont le niveau de vie est inférieur au seuil de pauvreté.

☐ Vrai ☐ Faux

⑧ C'est le Code pénal qui est appliqué en cas de délit ou de crime.

☐ Vrai ☐ Faux

⑨ L'infanticide est un crime particulier qui est assimilé à l'assassinat.

☐ Vrai ☐ Faux

⑩ Le sigle ANRU signifie :

☐ Agence régionale de régulation urbaine

☐ Agence nationale de rénovation urbaine

☐ Agence nationale des résidences universitaires

Partie 3

⑪ Il n'existe pas de dérogation au secret professionnel.

☐ Vrai ☐ Faux

⑫ Il existe quatre grands types de vaccins.

☐ Vrai ☐ Faux

⑬ Les papillomavirus provoquent des infections génitales et le cancer du col de l'utérus.

☐ Vrai ☐ Faux

⑭ Tout débat public concernant l'éthique sera organisé par le CCNE.

☐ Vrai ☐ Faux

⑮ D'après l'agence de biomédecine, un couple sur dix est en traitement pour la fertilité.

☐ Vrai ☐ Faux

Partie 4

⑯ Virginia Henderson a répertorié cinq besoins fondamentaux des personnes.

☐ Vrai ☐ Faux

⑰ Les maladies comme le cancer et les maladies cardio-vasculaires ne sont pas considérées comme ayant une incidence sociale.

☐ Vrai ☐ Faux

⑱ « Cancer » est un terme général désignant toute maladie dans laquelle on constate une division normale des cellules du corps.

☐ Vrai ☐ Faux

⑲ Il existe trois niveaux de prévention.

☐ Vrai ☐ Faux

⑳ La prévention primaire vise à réduire l'aggravation d'un problème.

☐ Vrai ☐ Faux

Correction

① Vrai.

② Faux : le deuxième.

③ Faux : il y a également l'État avec les organismes tels que la Caf.

④ Vrai.

⑤ Vrai

⑥ Vrai

⑦ Vrai

⑧ Vrai

⑨ Vrai

⑩ Le sigle ANRU signifie Agence nationale de rénovation urbaine.

⑪ Faux.

⑫ Vrai.

⑬ Vrai.

⑭ Vrai.

⑮ Vrai.

⑯ Faux : ils sont au nombre de 14.

⑰ Faux.

⑱ Faux.

⑲ Vrai.

⑳ Faux.

Tableau d'auto-évaluation du QCM

Auto-évaluation du QCM de culture générale

Reportez le résultat de vos réponses, comptez un point par bonne réponse :

<table>
<tr><td rowspan="7">Culture générale</td><th>Questions 1, 2, 3, 4, 5</th><th>Questions 6, 7, 8, 9, 10</th><th>Questions 11, 12, 13, 14, 15</th><th>Questions 16, 17, 18, 19, 20</th></tr>
<tr><td>… /5</td><td>… /5</td><td>… /5</td><td>… /5</td></tr>
<tr><td colspan="4">Vous avez moins de la moitié des réponses bonnes, vous devez travailler les fiches suivantes :</td></tr>
<tr><td>Partie 1
Fiches 1, 3, 4 et 8</td><td>Partie 2
Fiches 2, 4, 6, 7 et 9</td><td>Partie 3
Fiches 6, 7, 9 et 10</td><td>Partie 4
Fiches 1, 2 et 3</td></tr>
<tr><td colspan="4">Vous avez plus de la moitié des réponses bonnes, poursuivez ! Relisez bien les fiches et renforcez vos connaissances en travaillant sur les entraînements.</td></tr>
<tr><td colspan="4">Vous n'avez que des bonnes réponses ! Bravo, vous avez bien intégré les connaissances de base pour réussir la partie écrite et le sujet de l'oral du concours ; continuez à vous exercer régulièrement sur les entraînements.</td></tr>
</table>

Planning de révision

Que vous soyez à un an, six mois ou trois mois du jour du concours, afin d'être prêt, il est indispensable pour vous de planifier votre travail.

- Si vous êtes à un an du concours, vous pouvez consacrer une semaine par fiche pour bien l'approfondir (40 fiches = 40 semaines et il vous reste dix semaines pour réviser et compléter avec les actualités).
- Si vous êtes à 3 mois du concours, vous pouvez pour chaque partie consacrer deux semaines et réserver quatre semaines pour réviser et compléter avec les actualités.

Voici un planning que vous pouvez personnaliser selon vos besoins.

Périodes	Notions à aborder	Vos outils
Période 1 **Je peux y consacrer** ..... ***jours*** ..... ***semaines*** Je vais découvrir ou compléter mes connaissances sur : **la société française**	Démographie Famille Homme/femme Enfant Jeune Seniors Étrangers	Les 10 fiches de la partie 1 pour les connaissances Les entraînements Le QCM qui vous permet de vérifier vos connaissances Les conseils du formateur et les astuces du candidat
Période 2 **Je peux y consacrer** ..... ***jours*** ..... ***semaines*** Je vais découvrir ou compléter mes connaissances sur : **les phénomènes de société**	Environnement Travail/retraite Pauvreté/précarité Conduites à risque Délinquance/violence	Les 10 fiches de la partie 2 pour les connaissances Les entraînements Le QCM qui vous permet de vérifier vos connaissances Les conseils du formateur et les astuces du candidat
Période 3 **Je peux y consacrer** ..... ***jours*** ..... ***semaines*** Je vais découvrir ou compléter mes connaissances sur : **le système de santé et l'éthique**	L'accès aux soins L'hôpital/les patients Ma future profession Éthique Prévention Bioéthique	Les 10 fiches de la partie 3 pour les connaissances Les entraînements Le QCM qui vous permet de vérifier vos connaissances Les conseils du formateur et les astuces du candidat
Période 4 **Je peux y consacrer** ..... ***jours*** ..... ***semaines*** Je vais découvrir ou compléter mes connaissances sur : **les problèmes de santé**	Hygiène Maladies Handicap Fin de vie	Les 10 fiches de la partie 4 pour les connaissances Les entraînements Le QCM qui vous permet de vérifier vos connaissances Les conseils du formateur et les astuces du candidat

▷

Périodes	Notions à aborder	Vos outils
Période 5 **Je peux y consacrer** ..... ***jours*** ..... ***semaines*** Je vais consolider ou compléter mes connaissances	Les thèmes sont complétés avec les thèmes d'actualité	Je fais mes propres fiches. Je suis l'actualité. Je m'entraîne à rédiger en temps limité et à développer l'argumentation.

PARTIE 1

La société française

FICHE 1 La démographie de la France

La démographie, c'est l'étude de la population (nombres, statistiques) et de son évolution (taux de fécondité, natalité, mortalité, nuptialité) et de la migration.

L'étude démographique permet de prendre une « photographie » d'un pays, d'une région, d'une ville à un moment précis, et d'analyser son évolution dans le temps.

Les changements sont interprétés grâce à la géographie, l'économie, la sociologie. Ils permettent des projections pour l'avenir.

C'est à partir de ces projections que sont décidées les politiques économiques et sociales d'une région, d'un pays.

Rappel du formateur

Attention ! Quand on donne des informations chiffrées, il y a un décalage dans le temps. En 2018 ne sont disponibles que les chiffres de 2017, voire (parfois les études se font sur plusieurs années) il est possible que les chiffres les plus récents remontent à 2016, 2015 ou 2014.

1. Les données importantes

Selon l'Institut national de la statistique et des études économiques (Insee) au **1er janvier 2018, la population française était la suivante** :

Métropole	65 018 000
DOM	2 169 000
Population totale	67 187 000

La population française est en légère progression. La différence entre le nombre des naissances – qui est bas – et le nombre des décès – élevé – donne un accroissement naturel de la population historiquement bas.

La France reste toutefois le deuxième pays le plus peuplé de l'Union européenne, derrière l'Allemagne.

767 000 enfants sont nés en 2018, soit 17 000 naissances de moins que l'année précédente. L'indicateur conjoncturel de fécondité s'établit à 1,88 enfant par femme au lieu de 1,92 auparavant.

L'espérance de vie, après un recul en 2015, progresse à nouveau en 2018. Elle est de 85,3 ans pour les femmes et de 79,5 ans pour les hommes.

2. Composition de la société française

Le profil de la société française actuelle s'appuie sur une répartition des couches de population peu conforme à une pyramide des âges idéale.
Le taux des jeunes de moins de vingt ans est de 24,4 %, alors que celui des personnes de 65 ans et plus s'élève à 19,6 %.

Répartition de la population française selon les âges

	Nombre	Pourcentage
Moins de 20 ans	16 405 749	24,4
De 20 à 64 ans	37 634 630	56
De 65 à 74 ans	6 996 823	10,4
De 75 ans ou plus	6 149 436	9,2

Source : Insee, chiffres au 1er janvier 2018.

Le nombre des mariages s'élève à 228 000, dont 221 000 entre personnes de sexe différent et 7 000 entre personnes de même sexe. L'âge moyen est de 38,1 ans pour le marié et 35,6 ans pour la mariée.
Le nombre de pactes civils de solidarité (PACS) au 1er janvier 2018 devrait être équivalent ou supérieur à l'année précédente : 192 000 dont 7 000 signés par des partenaires de même sexe.
Le nombre des décès (603 000) quant à lui progresse, ce qui s'explique par le vieillissement de la population. Le taux de mortalité infantile est stable et se situe autour de 3,7 ‰, ce qui représente en moyenne 2 900 décès d'enfants de moins d'un an.

Astuce du candidat
Pour retenir un chiffre, je l'arrondis.
Exemple : population totale 67,2 millions

Entraînement

Graphique 1 : Taux de fécondité, en nombre d'enfants par femme

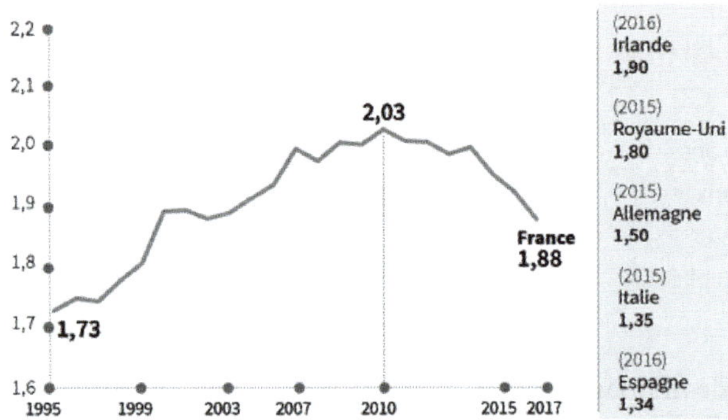

Source : *Le Monde*, 16 janvier 2018.

❶ Commentez ce graphique et expliquez.

Graphique 2 : Écart entre le nombre de naissances et de décès (solde naturel), depuis 1957, en milliers

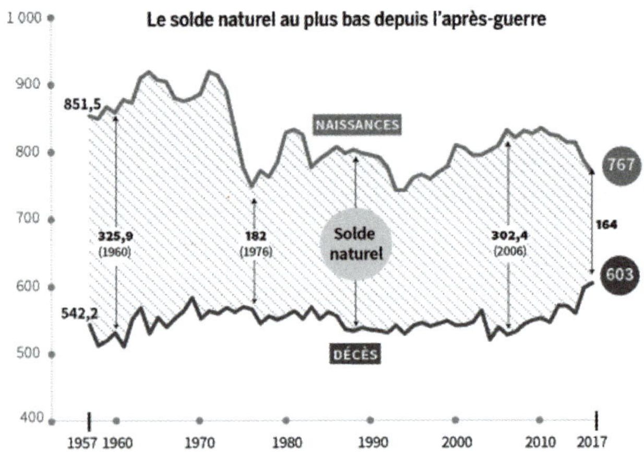

Source : Eurostat, Insee.

❷ Donnez deux facteurs expliquant cette évolution.

Corrigé

❶ Ce graphique montre l'évolution du taux de fécondité en France entre 1995 et 2017.
Nous constatons que le taux de fécondité entre 1995 et 2010 est globalement en hausse régulière.
Il est difficile de donner des explications à ces phénomènes car le choix d'avoir un enfant dépend de facteurs individuels ainsi que de l'évolution de la société et des mentalités ou des politiques familiales mises en place.
Nous observons que la fécondité n'est plus en lien avec le mariage ou le PACS, mais l'âge moyen de la maternité ne cesse d'augmenter : 30,6 ans, ce qui limite le nombre de grossesses par femme. Le modèle conjugal en France est souple et les enfants hors mariage sont bien acceptés. Enfin, les femmes envisagent la grossesse même après 40 ans, mais le nombre de femmes en âge de procréer est en diminution. Il faudrait que les femmes des générations futures aient trois enfants, voire quatre, pour que ce taux remonte.
Depuis le quinquennat de François Hollande (2012), la politique familiale est revue à la baisse (diminution des allocations familiales, réduction du quotient familial, abaissement des plafonds de ressources). Cette tendance se poursuit sous la présidence d'Emmanuel Macron. De plus, les promesses de création de 275 000 places de garde n'ont pas été tenues (50 000 seulement ont été créées). Enfin, les familles éprouvent de plus en plus de difficultés à concilier vie de famille et vie professionnelle.
Même si la France avec un taux de fécondité à 1,88 reste en deuxième position derrière l'Irlande, elle sera confrontée comme les autres pays européens, malgré une éventuelle augmentation de sa population, à un vieillissement de celle-ci, avec toutes les conséquences socio-économiques que cela implique : déséquilibre de la Sécurité sociale, du système des retraites, prise en charge du risque de la dépendance.

❷ Le graphique montre l'évolution sur 60 ans du solde naturel en France.
Deux paramètres sont à observer : d'une part, le nombre des naissances et, d'autre part, le nombre des décès.
La population française est vieillissante (9 193 415 personnes ont plus de 70 ans), le nombre des décès augmente et, dans le même temps, les naissances diminuent (767 000).
Depuis 2015, la tendance à la baisse des naissances se confirme et de ce fait le renouvellement des générations n'est plus atteint. Si ce phénomène s'observe dans les prochaines années, le solde naturel deviendra négatif et la population de la France diminuera.

Conseil du formateur

Le respect des consignes est indispensable, par exemple le nombre de lignes ou de mots d'un résumé.

FICHE 2 Les nouveaux « profils familiaux »

Les familles d'aujourd'hui sont variées, et présentent diverses formes. Mais les liens affectifs, les relations intergénérationnelles, les liens de parenté, la mémoire familiale restent vivaces.

1. Quelques repères

Famille élargie dite famille souche	Famille où vivent dans un même foyer plusieurs générations, en principe les grands-parents, les enfants (en principe fils aîné, héritier, et sa femme) et les petits-enfants.
Famille patriarcale	Famille élargie où tous les fils se marient et s'établissent au foyer des parents.
Famille nucléaire	Un couple marié ou non (concubinage, PACS) avec un ou des enfants célibataires.
Famille monoparentale	Un parent seul (célibataire, divorcé, veuf) avec un ou des enfants célibataires.
Famille recomposée	Un couple d'adultes, mariés ou non, et au moins un enfant né d'une union précédente de l'un et/ou des deux et les enfants du nouveau couple célibataires.

2. Évolution de la famille

De nombreux facteurs sont à l'origine de l'évolution en profondeur de la famille. Nous allons les retracer chronologiquement.

Après la Seconde Guerre mondiale	La reconstruction du pays et le développement des industries ont engendré la montée des femmes sur le marché du travail.
1965	**Disparition du « chef de famille »** : la femme peut avoir un emploi sans l'autorisation de son mari et dispose librement de ses biens propres (réforme des régimes matrimoniaux).
1967	La loi Neuwirth légalise la **contraception** (pilule) et permet le contrôle des naissances.
1970	Le congé maternité est indemnisé à 90 % du salaire brut. La puissance paternelle est remplacée par l'**autorité parentale** partagée entre les deux parents.
1975	La loi sur le divorce instaure le « consentement mutuel ». Légalisation de l'interruption volontaire de grossesse (IVG).

▷

1977	Création du congé parental d'éducation.
1987	L'autorité parentale va devenir « conjointe ».
1999	Création du PACS.
2002	Congé paternité.
2013	Mariage et adoption pour les couples de même sexe.

3. Les différentes familles

Le mariage n'est plus le passage obligé pour vivre en couple et fonder une famille.

L'**union libre, ou concubinage**, est la forme la plus simple de former une famille. Les deux partenaires vivent ensemble, peuvent avoir des enfants, les reconnaître, et exercent ensemble l'autorité parentale. La séparation est possible à tout moment. Actuellement, 60 % des enfants naissent hors mariage.

Ce type d'union a été favorisé par l'augmentation des divorces.

Le pacte civil de solidarité (PACS), créé en 1999, était en premier lieu destiné à donner un statut aux couples homosexuels mais, comme il est ouvert à tout adulte qui souhaite établir une convention avec un partenaire, il est majoritairement utilisé par les hétérosexuels : 94,5 % des PACS (121 000 sur 128 000). Les enfants de ces couples sont dans la même situation que dans une union libre.

Les familles « **monoparentales** » sont le résultat d'un choix de vie, pour le parent célibataire, ou d'un accident de la vie : veuvage, séparation, divorce.

Les familles **recomposées** sont de plus en plus nombreuses. Elles sont le fruit de la rencontre le plus souvent de deux parents divorcés, séparés, ou en situation de monoparentalité. Le nouveau couple recrée une cellule familiale où les enfants appartiennent à différents groupes familiaux.

La famille est toujours aussi présente dans la société, même si elle présente des formes variées et parfois complexes.

Le temps de la famille et des valeurs traditionnelles est révolu. Il laisse place à des valeurs d'individualisme, mettant l'accent sur le plaisir, la liberté, l'autonomie, l'épanouissement de chacun et les échanges.

La famille est devenue, comme l'ensemble de la société, instable.

Conseil du formateur

Quand je rédige une réponse, je n'oublie pas de structurer la réponse : en respectant introduction, développement et conclusion.

Entraînement

Pouvez-vous indiquer quelles sont les difficultés des familles monoparentales ? Argumentez votre réponse.

Corrigé

Vivre seul avec des enfants pose des problèmes de tous ordres, et ce sont de lourdes responsabilités pour un adulte parfois lui-même fragilisé.
Se retrouver seul avec des enfants peut être la conséquence du décès accidentel ou non de son partenaire, d'une séparation, d'un divorce, d'un abandon de famille.
Le parent seul va devoir gérer différemment son budget. Une seule source de revenu ne permet en effet pas de vivre comme avant. Bien souvent, il va falloir réduire les loisirs, les sorties, les vacances, les vêtements… Si le parent a la chance d'avoir un emploi bien rémunéré, la situation économique de la famille monoparentale n'est pas difficile, mais les femmes sont majoritaires à avoir des emplois précaires (intérim, CDD), à temps partiel ou mal rémunérés. De plus, bien souvent les ex-partenaires paient difficilement ou pas du tout la pension alimentaire. Évidemment, les charges (logement, nourriture) sont parfois lourdes. D'ailleurs, les familles monoparentales sont souvent des familles pauvres.
Le combat en justice est usant et long, quand un parent est confronté à un conflit avec son ex-conjoint (garde des enfants, partage des biens, pension alimentaire) ou à une succession compliquée après un décès. Cette situation peut parfois durer des années.
Les difficultés sont nombreuses quand le parent est confronté au quotidien à la garde des jeunes enfants, aux arrêts en cas de maladie, d'hospitalisation, aux tâches ménagères, l'aide aux devoirs, l'absence de loisirs, de vacances.
Comment soutenir les enfants face à cette nouvelle réalité : être une famille monoparentale ? Tristesse, deuil par rapport au passé, sentiments de culpabilité, colère, désespoir, crainte de l'avenir sont autant de sentiments qui viennent perturber tous les membres de la famille. Le parent, lui-même fragilisé, se retrouve fatigué, écrasé par l'ampleur de la tâche et n'est pas toujours à la hauteur de cette charge qui pèse sur ses épaules.
Il n'existe pas de recette miracle ou de baguette magique : face à ces difficultés, le parent solo doit recourir à une aide extérieure et établir des priorités afin de pouvoir mettre en place une nouvelle vie.

La politique familiale

L'ensemble des mesures juridiques, économiques, fiscales, sociales prises par le gouvernement en faveur des familles, représente **la politique familiale**.

1. Les buts de la politique familiale

L'État va orienter sa politique en se basant sur des valeurs et des normes pour le bien de l'ensemble de la communauté en prenant soin de :
- fixer le cadre qui permet de définir le champ d'action, et la redistribution des ressources ;
- répondre aux évolutions sociales de la famille ;
- assurer un niveau de vie acceptable ;
- verser des prestations financières pour compenser la charge que représentent certaines personnes (enfants, personnes âgées, handicapées) ;
- soutenir les personnes les plus démunies et réduire les inégalités ;
- favoriser l'articulation entre vie familiale et vie professionnelle ;
- apporter un soutien à la parentalité pour les familles ayant des difficultés relationnelles et éducatives avec leurs enfants ;
- verser des aides publiques à des infrastructures qui aident les familles.

2. La mise en place de la politique familiale

Les principaux acteurs de la politique familiale sont les caisses d'allocations familiales (CAF) et les collectivités locales (région, département, commune).

- Les **prestations familiales**, dont le montant varie en fonction du nombre d'enfants et de certains critères (ressources, composition de la famille, âge des enfants), sont versées aux familles.
- Le **logement** : des aides sont apportées par le biais de l'APL (aide personnalisée au logement), de l'AL (aide au logement) notamment.
- Les dépenses liées à la **maternité**, la paternité, la prestation partagée d'éducation.
- Les **services liés aux besoins de garde** : crèches, assistantes maternelles, financement.

La circulaire du 22 janvier 2015 qui généralise les « schémas territoriaux des services aux familles » vise la création de solutions d'accueil pour les moins de 3 ans. Ils sont reconduits pour une période de 5 ans avec l'ambition de créer au moins 230 000 places entre 2018 et 2022.

- La **fiscalité des ménages** est adaptée : le niveau d'imposition de la famille est fonction du nombre d'adultes et d'enfants qui la composent (application d'un quotient familial).
- Les **retraites** : le montant des pensions varie selon un système de bonification, et selon le nombre d'enfants élevés par le retraité.

Les réformes de la politique familiale opérées depuis 2015 modifient profondément la répartition des bénéficiaires de prestations, en réorientant les aides vers les familles modestes. De plus, le gouvernement a engagé une réflexion pour faire évoluer cette politique familiale au cours de la période 2018-2022.

Les dates importantes à retenir !

Le Haut Conseil de la famille[1], instance de concertation pour le « pilotage de la politique familiale » créée le 31 octobre 2008, a laissé sa place au **Haut Conseil de la famille, de l'enfance et de l'âge** le 13 décembre 2016 (loi du 28 décembre 2015).

Sa composition et son fonctionnement sont fixés par décret.

Placé auprès du Premier ministre, il a pour mission d'animer le débat public et d'apporter une expertise prospective et transversale sur les questions liées à la famille, l'enfance, les personnes âgées, les personnes retraitées et l'accompagnement à la perte d'autonomie.

Conseils du formateur

- Suivre l'actualité en lisant la presse nationale, les hebdomadaires (dossiers spéciaux).
- Se faire une fiche par thème et noter chronologiquement les événements.
- Noter les avis favorables et défavorables d'une proposition vous permettra de construire votre argumentation.

1. Le Haut Conseil de la famille (HCF) s'était substitué au Haut Conseil de la population et de la famille et à la Conférence nationale de la famille.

Entraînement

❶ Le gouvernement réfléchit à un allongement du congé paternité, voire à le rendre obligatoire. Que savez-vous du congé paternité ?

❷ La politique familiale évolue en même temps que la société. Confirmez ce fait en donnant des exemples.

Corrigé

❶ Depuis le 1er janvier 2002, tout père peut, dans les quatre mois qui suivent la naissance de son enfant, prendre un congé de onze jours consécutifs pour rester auprès de son enfant.
Le rôle des pères a beaucoup évolué. Même s'ils le font moins que les femmes, ils assument les tâches quotidiennes.
Les nouveaux pères ne veulent pas être autoritaires et distants comme l'étaient leurs propres pères. Ils souhaitent s'impliquer auprès du tout-petit, communiquer avec lui et construire un véritable lien.
Ce nouveau rôle est à inventer, et il se heurte parfois aux vieilles pratiques : certaines femmes laissent peu de place à leur conjoint, comme si elles avaient du mal à renoncer aux prérogatives maternelles, et à déléguer cette tâche (la femme doit s'occuper des enfants, sinon elle est considérée comme une mauvaise mère). Les femmes doivent aussi réfléchir à une définition de leur rôle pour faire apparaître le rôle du père.
La carrière et la forte pression des entreprises gênent les papas dans leur implication auprès de leurs enfants. De plus en plus d'hommes reconnaissent que leur profession n'est plus la première des priorités.
Aller chercher leurs enfants à la crèche ou à l'école, être à la maison le soir, être là pour raconter une histoire et les embrasser le soir font de plus en plus partie de leurs préoccupations.
Le monde du travail voit d'un mauvais œil l'homme qui part plus tôt pour aller chercher ses enfants, ou qui prend un jour de repos pour enfant malade (alors que la loi l'y autorise).
Au père qui choisit de prendre son congé paternité est remis un livret de paternité, qui lui rappelle ses droits et ses devoirs envers le bébé.
Le père, en jouant avec son enfant, l'aidera à découvrir le monde, à grandir et, plus tard, à s'intégrer dans un groupe. Il a un rôle de protecteur en lui apprenant à faire face aux dangers. Il l'accompagne dans ses découvertes et apprentissages tout en fixant des limites (tout n'est pas permis), ce qui amènera l'enfant à devenir autonome.
Les rôles du père et de la mère sont complémentaires et les enfants ont besoin de leurs deux parents pour se développer harmonieusement. Il faut donc espérer que d'autres mesures

seront prises pour favoriser cette relation père-enfant comme l'allongement du congé paternité (40 jours comme en Suède) et la participation des pères aux réunions d'école (moins de 10 % y assistent).

❷ L'apparition de la politique familiale en France se fait à partir de la Seconde Guerre mondiale. La politique familiale a évolué au fil du temps et va poursuivre son évolution parallèlement à l'évolution de la société, ce que nous montrerons avec des exemples concrets.
Après guerre, la France est en pleine reconstruction, elle a besoin d'enfants (baby-boom) et les familles ont besoin de logements : et bien c'est en 1946 que l'on va verser les premières allocations prénatales, maternité, de salaire unique, dès le premier enfant, et les allocations familiales. En 1948 va être créée l'allocation logement ainsi qu'une prime de déménagement.
Mai 1968 : cette date marque l'évolution des mœurs. Les femmes peuvent vivre leur sexualité en toute « tranquillité » (la loi Neuwirth du 8 décembre 1967 établit le droit à la contraception). Le père n'exerce plus seul l'autorité en 1970 (la puissance paternelle est remplacée par l'autorité parentale).
Le 15 novembre 1999, le vote du pacte civil de solidarité (PACS) donnait la possibilité à des couples homo- ou hétérosexuels d'établir une convention de vie commune. C'est en mai 2013 que la loi sur le mariage pour tous est publiée.
L'accompagnement des parents constitue une véritable priorité de la politique familiale. Une nouvelle convention d'objectifs et de gestion (COG) entre l'État et la CNAF pour 2018-2022 démarre. Pour cette même période, les « schémas territoriaux des services aux familles » vont permettre la création de 230 000 places pour l'accueil des moins de 3 ans. Ces mesures visent à concilier le désir des femmes de travailler et de fonder une famille, ainsi que toutes les mesures de soutien à la parentalité.
Ces quelques exemples montrent bien le lien étroit qui existe entre politique familiale et évolution de la société. Il est vrai que parfois l'évolution des mœurs est plus rapide et pousse les hommes et les femmes politiques à faire évoluer les lois, plutôt que l'inverse.

FICHE 4 Les pères

1. Quelques repères historiques

Droit romain	Le père détient la puissance paternelle (*patria potesta*) ; droit de vie et de mort (*jus vitae necisque*) sur ses enfants, qui sont dépourvus de droits (*alieni juris*).
XVIIe siècle	Déclaration royale de 1639 : « La révérence naturelle des sujets envers leurs parents est le lien de la légitime obéissance des sujets envers leur souverain ». Le père a la « police de la famille » au travers de la « puissance paternelle » (lettre de cachet pour enfermer les enfants rebelles ; droit de correction).
1791	Abolition des lettres de cachet.
Loi du 28 août 1792	« Les majeurs (21 ans) ne seront plus soumis à la puissance paternelle ; elle ne s'étendra que sur la personne des mineurs ».
Code civil 1804 (Code Napoléon)	Il rétablit la puissance paternelle.
Loi du 24 juillet 1889	Loi relative à la protection des enfants maltraités et moralement abandonnés qui institue une possibilité de déchéance des droits paternels.
1935	Suppression de la correction paternelle.
Loi du 4 juin 1970	La puissance paternelle est remplacée par **l'autorité parentale** partagée entre les deux parents.
Loi du 4 mars 2002	Loi relative à l'autorité parentale et au nom de famille.

- La famille basée sur l'autorité du mari et du père a été remplacée au XXe siècle par une famille où le couple parental prend conjointement les décisions concernant les enfants.
- Le père n'est plus celui qui est craint, mais le papa aimé de ses enfants.

2. Les nouveaux pères

- Il faut attendre les années 1970 pour voir une évolution de la fonction paternelle : le père est associé à la grossesse, à l'accouchement (on lui fait couper le cordon ombilical, assister au premier bain ou le donner).
- Le père apparaît plus impliqué, plus affectueux et plus disponible que son propre père.
- Le rôle du père est loin d'être secondaire, il contribue au développement de l'enfant : à côté de l'autorité traditionnelle, il exerce une influence positive sur l'ensemble de sa personnalité, et cela dès le plus jeune âge.

- La présence rassurante du père permet à l'enfant de s'ouvrir aux autres. Le père incarne et transmet les règles qui permettent à l'enfant d'acquérir un sens moral, du caractère et le désir de s'affirmer.
- Le père joue un rôle dans la construction de l'identité sexuelle de l'enfant. Pour le garçon, il est un modèle d'identification : celui à qui il va chercher à ressembler. Pour la fille, il est une sorte de modèle idéal de l'autre sexe : celui qu'elle cherchera à retrouver après la puberté.

3. Les droits des pères

- **La reconnaissance de l'enfant** par son père avant ou après la naissance permet de lui donner une filiation et permet l'exercice de **l'autorité parentale.**
- Le père a droit à un **congé** de **trois jours** à l'occasion de la naissance de l'enfant (droit du travail). Il peut faire la demande d'un **congé paternité** (depuis janvier 2002) de 11 jours calendaires (18 jours en cas de naissances multiples) qui doit être pris avant les quatre mois de l'enfant. Pendant cette période son contrat de travail est suspendu, il perçoit des indemnités journalières de la Sécurité sociale.
- Après une naissance ou l'adoption d'un enfant de moins de 20 ans, le père peut bénéficier de la **prestation partagée d'éducation** (des conditions d'ancienneté dans l'entreprise sont nécessaires). Ce congé permet d'interrompre ou de réduire son activité professionnelle pour élever son enfant. Chaque membre du couple bénéficie de la même durée de prestation partagée d'éducation qui suspend le contrat de travail.
- Le **congé pour enfant malade** est de trois jours par an (cinq si l'enfant a moins d'un an ou si le père assume seul la charge de trois enfants de moins de 16 ans). Ce congé ne fait pas l'objet d'une rémunération.
- La durée du **congé de présence parentale** est définie par un certificat médical, elle est au maximum de 310 jours ouvrés (14 mois) qui peuvent être pris sur 3 ans au maximum. Il permet au père de s'occuper de son enfant malade. Son contrat de travail est suspendu. Depuis le 1er mai 2006, le parent peut bénéficier de l'allocation journalière de présence parentale (AJPP), versée par la caisse d'allocations familiales (CAF).
- Par décision du juge, le **droit de garde** ou **de visite** en cas de divorce ou de séparation des parents sera accordé au père.

Entraînement

❶ Des pères grimpent sur des grues ou des cathédrales, défilent dans la rue pour réclamer le droit de s'occuper de leur enfant à part égale avec les mères. Que pensez-vous de cette demande ?

❷ Commentez le graphique ci-dessous montrant l'évolution des pères ayant pris un congé paternité (source : Études et résultats DRESS, n° 957, mars 2016).

Nombre de bénéficiaires du congé de paternité de 2002 à 2014, hors salariés du secteur public

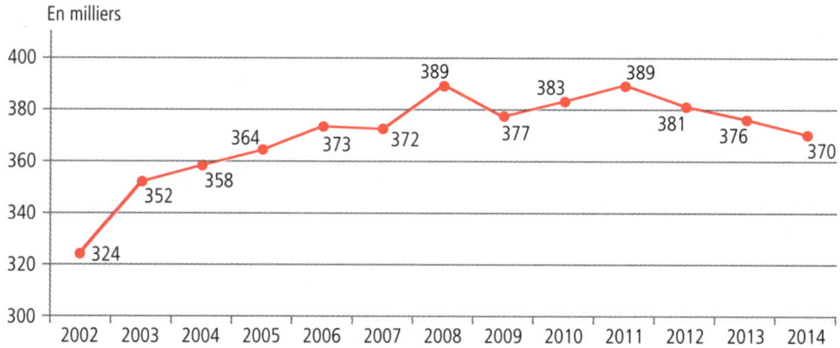

Champ : France entière, régime général de la Sécurité sociale, régimes agricole et non-salarié.

Sources : Caisse nationale d'assurance maladie des travailleurs salariés (CNAMTS), Caisse centrale de la mutualité sociale agricole (CCMSA) et Régime social des indépendants (RSI), calculs DREES.

Corrigé

❶ Lors d'un divorce ou d'une séparation dans 90 % des cas la résidence principale est accordée à la mère, les deux parents étant d'accord avec cette décision de justice. Dans 10 % des affaires surgit un conflit soit de résidence, soit de garde. La résidence principale dans 70 % des cas est attribuée à la mère. Les pères vivent alors leur paternité en alternance, ce qui n'est guère satisfaisant. La presse relate régulièrement les difficultés rencontrées : non-présentation d'enfant, kidnapping par un parent, etc.

L'impact de la désunion du couple se répercute sur les relations père-enfant, car 40 % des enfants ne voient leur père que rarement ou jamais. La résidence alternée comme système de garde suppose une proximité géographique et une bonne entente des parents.
Être père par intermittence ne permet pas de partager le quotidien avec l'enfant, construire les liens, la complicité et de tenir son rôle d'éducateur. Ce qui est en jeu c'est la coparentalité, la façon dont les parents coopèrent pour faire vivre les liens d'attachement et d'identification et assument leurs rôles parentaux auprès de l'enfant. L'enfant a besoin du soutien de ses deux parents pour se sentir protégé et se développer.

❷ Instauré au 1er janvier 2002, le congé paternité permet au père, ou au compagnon de la mère, de prendre deux semaines de congé avant les quatre mois de l'enfant.
Entre 2002 et 2008, la progression du nombre de bénéficiaires a été régulière, cela s'explique par la nouveauté du droit et l'implication plus importante des pères dans l'éducation des enfants. Puis une diminution, et enfin, malgré une remontée entre 2009 et 2011, une stagnation dans le nombre des bénéficiaires, qui peut s'expliquer par le fait que le marché de l'emploi est plus difficile, avec des salariés en situations précaires plus fréquentes (CDD, petits salaires, perte de salaire, réticences des employeurs) qui sont un frein à la prise du congé. Les pères s'arrêtent pour le premier enfant, car la situation est nouvelle, et plus ils vieillissent, moins le congé leur paraît nécessaire.
Le congé paternité est donc une mesure intéressante qui permet à sept pères sur dix de s'impliquer dans le partage des tâches familiales, et leur donnera peut-être l'envie de prendre la prestation partagée d'éducation.

FICHE 5 Les modes de garde

Bébé vient d'arriver, et déjà s'impose un premier choix éducatif : son mode de garde. Pas facile à déterminer. Avant de se décider, il est important de comparer les atouts des différentes possibilités qui sont offertes.

1. Les modes de garde individuels

- **L'assistante maternelle** peut accueillir jusqu'à quatre enfants à son domicile, ou dans une maison d'assistant(e)s maternel(le)s (agrément PMI, cent vingt heures de formation).

Plus souple que la crèche (horaires plus flexibles, accueil en cas de petite maladie), un mode de vie plus familial, un meilleur respect des rythmes de l'enfant.

- **L'employée à domicile :** c'est la formule la moins développée, car la plus onéreuse. Elle présente néanmoins des avantages non négligeables, notamment en terme de souplesse pour les parents et de respect des rythmes de l'enfant.

L'employée à domicile n'a généralement aucune formation spécifique. La garde peut être « simple » (un seul employeur) ou « partagée » (groupement de familles). L'enfant reste dans son environnement et conserve ses repères, son rythme de vie. Il sera a priori moins exposé aux microbes qu'à la crèche.

- **Un membre de la famille :** c'est idéal quand les parents craignent de confier le nourrisson à des « étrangers ». Les liens familiaux sont quotidiens.
- **Le jeune étudiant au pair :** ce mode de garde est relativement peu développé (nécessite une chambre disponible et le temps de garde ne peut excéder 30 heures par semaine). Au domicile, l'étudiant s'occupe des enfants et de différentes tâches de la vie quotidienne. Ce mode de garde personnalisé respecte le rythme de vie de l'enfant et permet une ouverture sur une autre culture.

Le jeune au pair ne reçoit pas un salaire mais de l'argent de poche.

- **La garde d'enfant (baby-sitting) :** mode de garde occasionnel, réalisé par une personne (souvent un étudiant) au domicile.

Il est possible de rémunérer sa baby-sitter par un chèque emploi service universel (CESU).

2. Les modes de garde collectifs

- **La crèche collective :** gérée par une municipalité, elle propose 60 à 80 places. Idéale si l'emploi du temps des parents est planifié.

L'enfant grandit à son rythme et progresse dans un milieu adapté (activités, équipement, etc.) encadré par des personnes diplômées.

Le fait de confier un enfant à une équipe peut rassurer les parents : il n'y a pas de rivalité affective. Si le courant passe mal avec une personne, on peut toujours aller voir un autre membre de l'équipe. On ne parle jamais d'argent avec l'équipe éducative, etc. Tout cela évite bien des problèmes. De plus, le coût dépend des ressources de la famille.

- **La crèche d'entreprise ou multi-entreprises** accueille les enfants des salariés. Les horaires d'ouverture correspondent aux horaires de travail du parent. Le parent est rassuré, car il est proche de l'enfant (un étage, ou un bâtiment d'écart). En cas de maladie, d'accident, le parent est proche, il peut être contacté et prendre les décisions rapidement, sans affolement.
- **La crèche associative :** il s'agit d'une association qui emploie un personnel qualifié, mais implique également la participation des parents.
- **La crèche parentale :** elle est gérée par les parents avec la collaboration obligatoire de professionnels de la petite enfance. L'agrément est donné par le conseil général. Les parents ont à leur charge l'entretien des locaux et le paiement du personnel.
- **La halte-garderie :** mode de garde occasionnel à envisager si les parents ne travaillent pas, ou s'ils travaillent à temps partiel, ou en complément d'une garde à domicile.

Elles sont municipales ou associatives. Les parents paient en fonction du temps de présence, les tarifs sont variables d'un établissement à l'autre et dépendent du revenu des parents. Comme en crèche, les enfants évoluent dans un cadre spécifiquement conçu pour eux et bénéficient de multiples activités d'éveil adaptées à leur âge.

- **Le jardin d'enfants** accueille des enfants de plus de 2 ans jusqu'à 6 ans. C'est une alternative à l'école maternelle. C'est une structure animée par une éducatrice de jeunes enfants et une équipe pluridisciplinaire, Les activités proposées favorisent l'éveil de l'enfant et le préparent à l'entrée à l'école primaire.

3. Les modes de garde « mixtes »

- **Le multi-accueil** : structure qui regroupe une crèche et une halte-garderie, et permet simultanément l'accueil d'enfants à temps partiel ou à temps complet.
- **Les maisons de l'enfant** regroupent plusieurs structures de garde.
- **La crèche familiale :** le fonctionnement (coût, inscription) est analogue à celui d'une crèche collective. La différence est le mode d'accueil de l'enfant : il est accueilli chez une assistante maternelle rémunérée par la mairie.

Une puéricultrice encadre les assistants maternels (visites à domicile) et fait le lien avec les parents. Elle favorise les rencontres entre assistantes maternelles ainsi que des formations. Le temps de garde est adapté aux besoins des parents.

Entraînement

❶ Par manque de structures d'accueil, encore 60 % des parents n'obtiennent pas de place en crèche. Quelles en sont les conséquences ?

❷ La crèche peut présenter des inconvénients, quels sont-ils ?

Corrigé

❶ Ne pas obtenir le mode de garde que l'on estime idéal pour son enfant génère une très grosse déception. Les parents estiment savoir ce qui est bon pour leur nourrisson.
Le choix du mode de garde n'est pas toujours rationnel et peut reposer sur des peurs : « mon enfant va préférer sa nourrice à moi donc je le mets à la crèche ». Le parent se sent en échec.
Les parents peuvent se sentir débordés par leur enfant. S'ils n'arrivent pas à trouver ce qu'ils désirent, ils vont culpabiliser, pensant qu'ils ne sont pas de bons parents, et se montrer agressifs envers la personne qui s'occupe de l'enfant. Cela viendra « parasiter » la relation et empêcher que tout se passe bien.
Le manque de confiance dans le choix effectué par défaut peut générer chez le parent une angoisse qui se transmet à l'enfant, qui, par mimétisme, aura du mal à se sentir en sécurité.
Pour éviter cette situation, il est conseillé aux futurs parents de bien se renseigner, dès la grossesse, pour avoir le temps de visiter plusieurs structures, de rencontrer différentes personnes et de réfléchir tranquillement.

❷ La crèche représente un mode de garde qui inspire confiance : un environnement adapté, propice à l'épanouissement, à l'éveil de l'enfant, et la présence de professionnels. Néanmoins, certains inconvénients existent.
Tout d'abord, la crèche a un nombre de places limité, donc certaines familles seront déçues.
Les horaires de la crèche ne correspondent pas forcément aux besoins des parents (week-end, la nuit, en horaires décalés), et l'accueil est à la journée (pas toujours de temps partiels).
Ensuite, les jeunes enfants sont souvent malades et se transmettent facilement des microbes, ce qui peut laisser les parents désemparés et sans solution alternative (possibilité de recourir à des associations de garde d'urgence).
Enfin, vivre en collectivité demande des efforts d'adaptation (un adulte s'occupe de plusieurs enfants). Beaucoup d'enfants dans un petit espace génèrent du bruit, du mouvement, ce qui peut être source de fatigue, d'énervement. Le rythme de la crèche (heures de repas et de sieste) ne respecte pas forcément celui de l'enfant. L'enfant peut être victime d'agressions d'enfants plus grands (morsures, coups) et avoir du mal à trouver sa place.
Il convient de bien réfléchir avant de choisir la crèche et d'évaluer ses désavantages et ses atouts, qui sont nombreux.

FICHE 6 L'enfant face aux médias

Le terme « médias » désigne plusieurs supports d'information comme la presse, la radio, la télévision. Dans un sens plus large, il peut désigner aussi les affiches, le cinéma et Internet.

1. Les effets positifs

La presse écrite

Selon le Syndicat de la presse des jeunes, environ 88 millions d'exemplaires par an sont destinés au public de 9 mois à 18 ans, soit près de 10 millions d'enfants ou de jeunes. Plus de 55 maisons d'édition ou éditeurs associatifs offrent un large choix de titres (plus de 16 520).

Les magazines aident les plus jeunes dans l'apprentissage de la lecture. Ils facilitent le « tri » d'informations et permettent la rencontre avec divers styles (conte, documentaire, jeux, fiche, reportage, enquête, interview) et des illustrations variées (dessin, photo, schéma). Ils peuvent être parcourus rapidement ou « décortiqués ». Ils peuvent représenter un plaisir quotidien et constituer un dérivatif à la télévision et aux jeux vidéo.

Le magazine présente diverses rubriques. Proche des préoccupations de son lectorat et de ses centres d'intérêt, il donne des informations et enrichit sa culture. Enfin, loin d'être un plaisir solitaire, il peut se partager avec les copains, la famille et l'on peut même écrire à son magazine, et se sentir appartenir au groupe des lecteurs, avec qui l'on peut communiquer.

La radio

Souvent, les jeunes animant des émissions de radio le font par le biais d'une structure scolaire ou via une structure mise en place sur leur commune.

Les jeunes qui font de la radio sont acteurs de leur projet, ils sont responsables de leur émission, et cela leur permet de s'exprimer et d'être écouté. Cette activité nécessite un travail en amont : choix du thème, recherches documentaires, rédaction des textes, choix des animateurs, choix des invités, pratique de l'interview, enregistrement, montage et habillage sonore, diffusion.

Cet outil mêle à la fois l'écrit (préparation) mais aussi l'oral. Il développe chez le jeune des compétences variées, et l'oblige à s'autoévaluer après la diffusion de l'émission. Les plus timides peuvent prendre confiance en eux, et se surpasser, ou au contraire cela canalise les plus extravertis. C'est un travail d'équipe où chacun doit trouver sa place. Cette activité aide à développer un esprit critique, ainsi qu'une écoute active à l'égard des médias.

Des radios à l'intention des enfants remportent un franc succès autant auprès de leurs jeunes auditeurs que des parents (radio junior, des radios associatives comme jactiv.ouest-France…).

La télévision

Fenêtre ouverte sur le monde, la télévision apporte informations, détente, culture, connaissances grâce aux documentaires. C'est un très bon moyen d'aborder des notions de manière différente en sciences, géographie, histoire. Les films en version originale et les télévisions étrangères permettent de se familiariser avec une autre langue.
C'est le média préféré des moins de 13 ans, qui la regardent de plus en plus en replay. Les plus jeunes (1-6 ans) regardent les dessins animés et les émissions sur la nature. Les plus âgés préfèrent les films et séries.

Les outils de communication

24 % des 7-12 ans et 84 % des 13-19 ans utilisent en premier le smartphone comme terminal personnel, devant l'ordinateur et la tablette.
Les plus âgés (13-19 ans) utilisent et aiment les réseaux sociaux, les messageries, écoutent de la musique et regardent des vidéos sur des plateformes comme Youtube, ou Snapchat.

2. Les effets négatifs

La télévision est parmi tous les médias le plus influent dans la vie des enfants. Les 4-14 ans en sont les plus gros consommateurs et passent en moyenne 2 heures 10 minutes par jour devant le petit écran.
Le petit écran fascine les plus jeunes. Il hypnotise et met l'enfant dans un état proche d'un sommeil éveillé, où l'enfant passif absorbe tout. Jusqu'à cinq ans, l'enfant ne fait pas la différence entre ce qui est réel ou fictif. Toutes les études montrent que certains enfants peuvent être démunis face aux images et messages violents. Ces enfants peuvent développer une insensibilité (la violence est vécue comme comique), d'autres ont eux-mêmes des comportements violents. La télévision nuit à la scolarité, les enfants ne faisant pas les apprentissages nécessaires à la maison. Elle empiète également sur le sommeil (coucher plus tardif, responsable de peurs nocturnes, de cauchemars). La télévision est dénoncée dans l'apparition de l'obésité chez les enfants, d'une part, parce que l'enfant est inactif et, d'autre part, par le fait qu'elle engendre le grignotage. Parfois, elle accompagne les repas ! Des messages que l'on peut qualifier de négatifs sont émis, par exemple les publicités qui poussent à la consommation.

Les valeurs et les normes d'une société où le beau, la performance, le succès, la réussite, la consommation sont mis en avant sont notamment transmises par la télévision.

Entraînement

Serge Tisseron argumente le fait qu'il soit contre la télévision en disant que le tout-petit ne peut se construire qu'à partir de ses sens.
À partir de vos connaissances sur le développement de l'enfant, donnez deux autres arguments confirmant que la télévision n'est pas adaptée pour les tout-petits.

Corrigé

La télévision n'est pas utile pour le développement d'un bébé à partir de six mois.
Regarder la télévision pour un bébé de six mois, c'est se retrouver seul devant l'écran. On peut donc craindre un isolement affectif, le parent n'étant pas présent pour jouer et répondre aux besoins de l'enfant.
Des études montrent que regarder beaucoup la télévision engendre des troubles de la concentration.
Le bébé n'est pas « mûr » pour comprendre les images, c'est ignorer le rythme de développement de l'enfant.

Serge Tisseron, psychiatre, a écrit des livres sur ce thème. Il est à l'origine de la règle « 3-6-9-12 ».
- Pas d'écran avant 3 ans, ou tout au moins les éviter le plus possible.
- Pas de console de jeu portable avant 6 ans.
- Pas d'Internet avant 9 ans, et Internet accompagné jusqu'à l'entrée en collège.
- Internet seul à partir de 12 ans, avec prudence. Il faut définir des règles et mettre en place un contrôle parental.

FICHE 7 Les jeunes

Le jeune, qui est-il ?
Ce n'est plus un enfant, mais ce n'est pas un adulte. Il possède une certaine maturité, il bâtit des projets pour l'âge adulte, il se projette vers l'avenir.

1. L'émergence de la jeunesse

Depuis les années 1980, les sociologues s'intéressent à l'émergence de la jeunesse et d'une culture spécifique.

- La jeunesse est décrite comme une période de plus en plus longue et instable, avant l'entrée dans l'âge adulte. Cette période est marquée par la pré adolescence, l'adolescence, le stade de jeune adulte et des stades intermédiaires : « l'adonaissant », « l'adulescent ».
- Si les frontières entre enfance, adolescence, âge adulte sont floues, indéterminées, il reste des moments qui marquent le passage d'un âge à un autre : on devient jeune adulte à 18 ans, avec son baccalauréat, le droit de vote, le permis de conduire, puis, avec l'emploi, le logement, la famille, on devient adulte.
- En France, l'image de la jeunesse n'est pas toujours positive, elle est perçue comme une catégorie fragile et victime, ou comme dangereuse. Soit on la protège, soit on s'en protège. En réalité, il y a toujours une certaine ambivalence dans les représentations de la jeunesse.

2. Les problèmes des jeunes

L'adolescence est un âge de transition particulièrement propice à une remise en question des règles et à une contestation des figures d'autorité. C'est un âge de grande fragilité.

Des relations parents-enfants difficiles

- Les adolescents s'entendent mal avec leurs parents. Ils ont du mal à accepter toute forme d'autorité et se rebellent contre la discipline à l'école et à la maison.
- Ils ne sont pas sûrs d'eux, mais ne sont pas prêts à accepter les conseils de leurs aînés. Ils tiennent rarement compte des conseils prodigués car ils sont convaincus de pouvoir se débrouiller seuls.
- C'est l'époque où la personnalité commence à s'affirmer, et ils veulent être indépendants. Acquérir l'indépendance est difficile car ils dépendent financièrement des parents.

Les amis

- Les adolescents font partie d'un groupe. Ils veulent s'intégrer, faire comme les autres que ce soit dans leur façon de s'exprimer, leur comportement ou leurs habitudes vestimentaires. Les « teenagers » recherchent l'indépendance et préfèrent la compagnie de leurs amis plutôt que celle de la famille.
- En groupe, les jeunes deviennent plus sûrs d'eux, affichent une confiance qu'ils n'ont peut-être pas autrement.
- Faire partie d'un groupe peut aussi être dangereux : ils peuvent s'influencer, se lancer des défis et faire n'importe quoi. L'actualité nous le rappelle par les groupes de jeunes, les gangs qui causent la terreur sur leur passage, attaquant verbalement ou physiquement les personnes rencontrées.

Une personnalité fragile

- Les adolescents se cherchent, s'identifient à des modèles, certains se montrent influençables, et suivent aveuglément un copain, un chef de bande, une vedette.
- Les adolescents manquent de confiance en eux. Ils sont mal dans leur peau. Ils traversent des périodes de doutes, de tensions et peuvent avoir des problèmes psychologiques graves. Pour échapper à ces problèmes, certains jeunes fuguent, se tournent vers l'alcool, la drogue. Les dépressions nerveuses sont possibles pouvant aboutir à des tentatives de suicide.

Les comportements dangereux

- **Le tabac**

Les jeunes commencent à fumer de plus en plus tôt, souvent par curiosité, pour s'affirmer, pour faire comme leurs copains. Malheureusement, beaucoup d'entre eux continueront à fumer dans leur vie d'adulte parce qu'ils seront devenus dépendants.

- **L'alcool** (voir partie 4, fiche 3)

L'alcool est souvent utilisé pour faire la fête et s'amuser pendant le week-end.

- **Les drogues**

L'adolescence est l'époque où l'on veut expérimenter, découvrir de nouvelles choses, surtout des choses défendues.

Ainsi, dans certaines soirées comme les raves ou dans certaines boîtes de nuit, circulent des pilules d'Ecstasy, d'amphétamines.

Ce qui est à craindre, c'est que les personnes qui ont commencé à prendre des drogues « douces » se tournent vers les drogues dures comme l'héroïne ou la cocaïne. La consommation de ces drogues est en augmentation.

Les comportements déviants

• La délinquance

L'uniformisation des aspirations sociales et les normes de consommation véhiculées par les médias font que la frustration est bien plus grande pour les jeunes défavorisés, qui cherchent par des méthodes illicites les moyens d'obtenir ce qu'ils désirent.

• La marginalisation

Les jeunes non diplômés courent le risque de se retrouver en marge de la société tant au niveau social que professionnel, car depuis vingt ans on voit disparaître les postes de travail non qualifié et les entreprises subissent les restructurations industrielles.

3. Les difficultés à devenir adulte

• Apprendre à devenir adulte en 2018 est plus compliqué qu'auparavant, car les parcours de vie se sont complexifiés et sont très individualisés, dans une société où pour des raisons conjoncturelles il est difficile de trouver un emploi (beaucoup de chômage chez les jeunes).

• Les jeunes vivent dans des familles dont les parents n'ont pas forcément suivi d'études supérieures. Ils ne disposent pas de modèle que ces derniers auraient pu leur transmettre. Ils doivent inventer leur rôle dans la société, et non plus simplement reproduire ce que leurs parents ont fait.

Entraînement

❶ Commentez la phrase suivante : aujourd'hui, hormis le bac et le permis de conduire, il ne reste guère de rites de passage pour les jeunes.

❷ Le choix d'un vêtement par un jeune n'a rien d'anodin. Expliquez à quoi il correspond psychologiquement et socialement.

Corrigé

❶ Dans les sociétés primitives, le passage d'un individu à un nouvel état se faisait en le séparant de son groupe, en lui faisant subir des épreuves physiques et/ou morales, une cérémonie, tout ceci ayant pour but de lui faire prendre conscience de son nouveau statut et de son rôle dans la société. Dans notre société, le passage de l'enfance à l'adolescence est marqué par la puberté, mais comment se concrétise le passage de l'adolescence à l'âge adulte ?

L'adolescence est marquée par une métamorphose physique et psychologique, qui s'accompagne de la recherche d'une nouvelle identité. Au cours de cette période, le jeune se forge une personnalité, avec des valeurs, des principes. Il acquiert, après un parcours d'incertitudes, conflictuel, douloureux, le statut de femme ou d'homme. Un des moyens d'affirmer sa nouvelle personnalité passe par le vêtement, qui lui permet de se distinguer des adultes, d'affirmer un style et d'être intégré à son groupe de pairs.

La transition de l'adolescence à l'âge adulte est marquée par l'accès à la majorité légale (18 ans). Mais est-on vraiment adulte à ce moment-là ? Avec le baccalauréat en poche (en moyenne à 18 ans), les jeunes se voient offrir le passage du permis de conduire, puis ils se lancent dans une formation supérieure, afin d'obtenir une qualification professionnelle et enfin recherchent un emploi. C'est donc autour de 25-30 ans que beaucoup quitteront le foyer parental.

Alors qu'ils sont légalement responsables, les jeunes adultes ne jouissent pas d'une autonomie totale, ils dépendent économiquement de leurs parents, doivent négocier et accepter certaines contraintes.

Actuellement, ce qui concrétise l'entrée dans la vie adulte, c'est l'autonomie financière, qui permet de quitter le domicile parental et de s'installer seul ou en couple.

❷ Le choix d'un vêtement permet au jeune d'affirmer sa personnalité et de se différencier socialement.

D'un point de vue psychologique, l'adolescent essaie de maîtriser son corps, qui se transforme, se sexualise. Il peut le camoufler ou le mettre en valeur. Le jeune qui s'achète ses vêtements pose un acte autonome, et peut adopter un style différent de ses parents. Il peut aussi selon son humeur ou selon les circonstances adopter des styles différents et montrer différentes facettes de sa personnalité (signe de bonne santé).

D'un point de vue social, on peut dire que l'individu se construit aussi à partir d'événements et de rôles sociaux, par l'imitation, par le conformisme (être comme ses amis), par la différenciation (le vêtement de marque donne une place dans la société).

L'apparence, le look font partie du langage non verbal, qui varie selon les époques, les sociétés. On peut parler d'un code vestimentaire, qui indique la classe sociale, le mouvement culturel, qui signe ainsi l'appartenance à un groupe. Certains adolescents l'adoptent et l'assument comme un choix théorisé, d'autres l'imitent sans rien en connaître.

La recherche de sa personnalité peut devenir une contrainte épouvantable, car ressembler à un modèle précis peut détruire des relations (conflits avec les parents), faire basculer dans la délinquance (racket, vol) ou dans la maladie (agoraphobie, anorexie).

Le vieillissement

La société française doit s'adapter dès aujourd'hui au vieillissement de sa population.
Les projections montrent que les 60 ans et plus, au nombre de 17 219 115, seront 20 millions en 2030, et près de 24 millions en 2060. Les Français âgés de 75 ans et plus, au nombre de 6 149 436, seront 12 millions en 2060.
Le gouvernement a fait le choix d'une politique de l'âge avec une prise en compte de l'avancée en âge et confortant le choix d'un financement solidaire de l'accompagnement de la perte d'autonomie.

1. La loi relative à l'adaptation de la société au vieillissement

Cette loi du 29 décembre 2015 est fondée sur quelques principes essentiels :

- **La solidarité et l'équité :** le gouvernement a décidé de conforter les principes de solidarité nationale inscrits dans la loi de 2001 qui a créé l'allocation personnalisée d'autonomie.
- **La vision positive de l'âge :** la loi propose un modèle de société plus fraternelle, plus apaisée et réconciliée avec les plus fragiles.
- **La co-construction et le partenariat :** sont mobilisés tous les acteurs du médico-social (conseils généraux, agences régionales de santé, caisses de retraite, centres d'action sociale, acteurs de l'aide à domicile et en établissements, mutuelles, etc.) ainsi que les acteurs du logement, des transports, du sport, de la culture et du monde économique.
- **Une politique de l'âge au plus près des personnes et de leurs familles :** des conseils départementaux pour la citoyenneté et l'autonomie sont créés.
- **La participation des âgés à l'élaboration d'une politique de l'âge interministérielle :** un Haut Conseil de l'âge, directement placé sous l'autorité du Premier ministre, est créé.

2. Les principales mesures

Le projet repose sur trois grandes orientations.

La prévention

La santé des personnes âgées figure parmi les grandes priorités :
– le repérage et le dépistage des pathologies qui réduisent l'autonomie.

– neuf projets en 2013, puis huit régions en 2016, avec seize territoires pilotes de nouvelles pratiques professionnelles pour optimiser le parcours de santé des plus de 75 ans (Personnes Âgées En Risque de Perte d'Autonomie : Paerpa);
– la prévention du suicide;
– la mobilisation nationale de lutte contre l'isolement des âgés (Monalisa).

L'adaptation

Des efforts doivent porter sur différents domaines :
– la proposition d'offres de logements diversifiées (copropriétés avec services, habitats regroupés, etc.);
– le développement de la cohabitation intergénérationnelle;
– le développement de l'urbanisme et des transports adaptés aux besoins des personnes qui avancent en âge;
– la valorisation du rôle de la grand-parentalité;
– l'accès à la culture et aux vacances (universités du 3e âge, chèques vacances);
– la garantie des droits des âgés;
– le changement du regard sur le vieillissement.

L'accompagnement

• La priorité est de favoriser le maintien à domicile par une amélioration de l'allocation personnalisée d'autonomie (APA). Depuis le 1er janvier 2006, la Caisse nationale de solidarité pour l'autonomie (CNSA) est un établissement public chargé de financer les aides en faveur des personnes âgées dépendantes et des personnes handicapées.
• L'aide à domicile doit être renforcée *via* l'encouragement à la création d'emplois auprès des âgés. Le plan 2014-2017 pour les métiers de l'autonomie sera évalué en 2018.
• Le soutien et la valorisation des aidants familiaux sont à mettre en avant.
• L'offre de logement intermédiaire entre le domicile et l'établissement doit être développée.
• Il faut rendre accessible financièrement l'accès aux maisons de retraite dans des conditions de qualité.

Conseils du formateur
• Allez sur le site www.cnsa.fr pour consulter les missions, les chantiers de la CNSA et la documentation (rapports à consulter).
• Et sur le site www.documentationfrancaise.fr pour consulter les dossiers concernant tous les thèmes actuels sur la société.

Entraînement

Le plus souvent, le vieillissement n'aboutit pas à la dépendance de manière progressive et linéaire mais, au contraire, de façon brutale et impromptue. La *dépendance* est consécutive à divers incidents et accidents thérapeutiques ou environnementaux.

Ces événements, vécus comme autant de bouleversements douloureux pour la personne âgée et son entourage, sont trop souvent appréhendés et subis dans la hâte et la précipitation. La vision de dépendance est aujourd'hui à « réenvisager » et non à dévisager. Évaluer les pertes fonctionnelles et psychiques, c'est d'abord pouvoir estimer en termes d'échelle comportementale les capacités du sujet âgé à effectuer des gestes simples de la vie quotidienne. Garder ce lien social est une notion qui nous échappe régulièrement car il ne s'intègre pas systématiquement dans une démarche de soin.

Donner du sens aux jours qui passent se révèle comme une piste de réflexion. Hier, la personne âgée était considérée comme malade, entièrement dépendante et sénile, atteinte d'incapacités irréversibles. Aujourd'hui, il s'agit d'une personne qui avance en âge, dont les qualités émotionnelles restent intactes.

Guy Kléber, revue *M.N.H.* n° 154.

❶ Donner un titre à ce texte.

❷ En vous appuyant sur le texte, indiquez les caractéristiques de la dépendance et leur influence dans la prise en charge des personnes âgées.

Corrigé

❶ Le titre de cet article pourrait être **« dépendance ? »**.

❷ La dépendance n'est pas, comme on peut le penser, la résultante du vieillissement progressif, mais surgit le plus souvent après un accident de la vie (maladie, accident domestique, de la route), et concerne toute personne qui présente des déficiences, des incapacités.

La dépendance est la conséquence d'un handicap social, physique, mental, qui met la personne dans un état de détresse, car elle ne peut accomplir seule les gestes du quotidien. l'isolement, le désarroi social lié à notre société individualiste, ainsi que des revenus trop faibles (minima sociaux) fragilisent ces personnes. Il paraît important de prendre des mesures pour que ces personnes gardent leur place dans la société en développant des réseaux dans le voisinage ; le personnel soignant pour les défaillances de santé, les aides à domicile pour faciliter le quotidien (courses, repas, ménage), les visites pour discuter, les sorties pour participer à la vie sociale. La dépendance, n'est pas synonyme de maladie.

Connaître les déficiences dont souffre la personne est indispensable, et se doter d'outils d'évaluation est intéressant car bien souvent l'entourage a tendance à prendre en charge (faire à la place de) plutôt que de s'interroger sur des moyens pour compenser et contourner les difficultés (fauteuil électrique, animal qui peut ouvrir une porte, approvisionnement).
Enfin, derrière ce corps qui est limité, il y a la personne, qui vit à son rythme, qui a des désirs, des souffrances, mais qui peut aussi encore jouer un rôle social, si on lui donne la possibilité de sortir de son domicile, d'avoir des relations, des activités appropriées, des loisirs.
La prise en charge de la dépendance doit se faire en respectant la dignité humaine et en garantissant à chacun une place dans la société, en reconnaissant ses limites et ses capacités.

Astuce du candidat

Pour trouver un titre à un texte, j'essaie de voir le mot qui est répété plusieurs fois, ou je repère l'idée centrale du texte, le reste n'étant que des explications, des exemples « de l'habillage ».

La parité homme/femme

La parité vient du latin *paris* qui signifie « égal ».
La parité c'est l'égalité, la parfaite conformité.
Mais il faut établir une distinction entre parité et égalité car la parité à une valeur quantitative alors que l'égalité à une valeur qualitative.

Fin 2017, la France se classe 11e au niveau mondial en ce qui concerne l'égalité hommes-femmes. L'évolution des droits date du xxe siècle.

1. Quelques dates significatives

1938	Jusqu'à cette date les épouses devaient obéissance à leur mari et elles étaient « en incapacité civile » (comme des mineures).
1944	Les femmes obtiennent le droit de vote.
1946	La Constitution reconnaît les hommes et les femmes égaux en droits.
1965	Le mari n'a plus le droit d'interdire à son épouse de travailler. La femme peut ouvrir un compte bancaire sans l'autorisation de son mari.
1967	La loi Neuwirth autorise la contraception.
1970	Les deux parents ont l'autorité parentale (antérieurement détenue par le père).
1975	La mixité est obligatoire dans les écoles publiques. Le divorce peut être obtenu par consentement mutuel. La loi autorise l'avortement.
1983	Loi Roudy sur l'égalité homme/femme au niveau professionnel.
1999	Loi relative à l'égalité entre les femmes et les hommes.
2000 2003 2008	Lois pour la parité en politique au niveau national et européen.
2001 2006 2011	Lois relatives à l'égalité professionnelle, salariale, représentativité dans les conseils d'administration entre les femmes et les hommes.
2006	Loi renforçant la prévention et la répression des violences au sein du couple.
2012	Loi du 6 août relative au harcèlement sexuel.
2014	Loi du 4 août « pour l'égalité réelle entre les femmes et les hommes », consolidation des droits des femmes.

La loi du 4 août 2014 « pour l'égalité réelle entre les femmes et les hommes » consolide les droits des femmes et favorise de nouvelles égalités.

2. Les domaines où demeurent des inégalités

La santé

Les femmes ont une espérance de vie de 85,3 ans, supérieure de six ans à celle des hommes (79,5 ans). Cet écart se réduit grâce au recul des morts violentes (accidents, suicides).

L'éducation

Le niveau d'éducation des filles dépasse celui des garçons. En 2017 le baccalauréat est obtenu par 90,1 % de filles et 85,6 % de garçons. Les filles représentent 58,2 % des effectifs des universités, mais sont à 70 % dans les filières de lettres et sciences humaines. Ces choix d'options expliquent que les emplois féminins restent très concentrés dans les secteurs de l'éducation, de la santé et de l'action sociale.

Le marché du travail

Le taux d'activité des femmes (68 %) est plus faible que celui des hommes (76,1 %). Elles occupent plus souvent des emplois à temps partiel (30,4 % des femmes, 7,9 % des hommes).

- **Le taux de chômage fin 2017** est de 8,4 % pour les femmes et 8,8 % pour les hommes.
- **Le taux d'accès à la formation continue** des femmes (43 %) est inférieur à celui des hommes (45 %). Mais les inégalités sont plus fortes selon la catégorie socioprofessionnelle.
- **L'écart de la rémunération :** en France, le salaire moyen annuel des femmes est de 25 % inférieur à celui des hommes. À poste équivalent, le salaire des femmes est inférieur de 10,5 % par rapport à celui des hommes. Les écarts sont liés au niveau de qualification, au diplôme, à l'expérience professionnelle, à l'ancienneté, à l'âge, au secteur d'activité et au type d'employeurs.

L'articulation des temps de vie

- **Les femmes consacrent plus de temps aux tâches domestiques**, soit 4 heures 38 par jour et les hommes 2 heures 26.
- **Une parentalité vécue différemment** avec un taux d'activité des femmes qui décroche avec l'arrivée des enfants : **82,4 %** travaillent avec un enfant de moins de 3 ans, elles ne sont plus que **43,3 %** quand elles ont trois enfants, dont un de moins de 3 ans.

Le niveau de vie

Le taux des femmes vivant sous le seuil de pauvreté (8,1 %) est quasiment identique à celui des hommes (7,9 %). 34,9 % des familles monoparentales sont pauvres, et dans 82 % des cas ce sont des femmes seules avec enfants.

- **Des retraites inégales :** Les femmes partent plus tard que les hommes (25 % des femmes partent à la retraite à 65 ans ou plus pour ne pas subir de décote, contre 15 % des hommes). À la retraite, une femme sur trois perçoit une pension inférieure à 700 €, contre un homme sur six (montant moyen de 932 € pour les femmes et de 1 603 € pour les hommes).

La vie politique

Les femmes sont présentes à l'Assemblée nationale (38,65 %), au Sénat (29 %), dans les conseils régionaux (48 %), dans les conseils départementaux (50 %) et dans les conseils municipaux (40 %).

3. Quels changements ?

Les droits des femmes sont une priorité du gouvernement. La loi du 4 août 2014 pour l'égalité réelle entre les femmes et les hommes :
- donne des moyens pour parvenir à l'égalité professionnelle (réforme du congé parental, réglementation des marchés publics, sanction pour des licenciements discriminatoires ou liés au harcèlement) ;
- met en place une garantie publique contre les impayés de pensions alimentaires ;
- propose des mesures contre les violences faites aux femmes pour protéger les victimes, et prévenir la récidive ;
- favorise le recul des stéréotypes sexistes dans les médias ;
- prône la généralisation de la parité dans toutes les sphères de la société, notamment dans le secteur de la politique, de l'entreprise et des loisirs.

Depuis, un ensemble de mesures se sont ajoutées :
- un programme national améliorant l'accès à l'IVG ;
- un plan national de lutte contre le harcèlement sexiste et les violences sexuelles dans les transports en commun ;
- le 5e plan de mobilisation et de lutte contre les violences (2017-2019).

Entraînement

Une étude menée aux États-Unis concernant les fillettes de 3 à 7 ans montre que jouer avec des poupées Barbie leur fait penser qu'elles ont professionnellement moins de chances que les garçons. Qu'en pensez-vous ?

Corrigé

Traditionnellement, jouer permet à l'enfant de se projeter, ainsi jouer à la poupée permet d'être la maman, le papa… Or Barbie est particulière, c'est une poupée femme qui incarne une certaine image de la femme (femme-objet).
C'est la société dans son ensemble qui véhicule les stéréotypes, comme la famille de l'enfant, par le choix des jeux et ses représentations sur la profession idéale pour ses enfants.
L'influence de la société peut également expliquer la préférence d'un jouet dit de garçon ou de fille. Il faut remarquer que les jouets favorisent souvent la motricité et la mobilité pour les garçons, et que les jouets pour les filles sont basées sur l'apparence (maquillage, perles, dessin, robe de princesse, stylisme…). L'école et la présentation des filières de formation.
En conclusion, le choix professionnel se construit petit à petit grâce à la richesse des expériences que l'on peut avoir avec les jeux, les loisirs, les rencontres, les voyages, etc., et bien entendu le soutien de sa famille.

FICHE 10 Les personnes immigrées

Le monde a connu des mouvements de population dont les motifs ont toujours été essentiellement économiques.
La personne immigrée est une personne qui s'installe dans un pays autre que le sien pour y séjourner et y travailler.

1. La situation de l'immigration

- « *Est immigrée toute personne née de parents étrangers à l'étranger et qui réside sur le territoire français. Certains immigrés deviennent français par acquisition de la nationalité française, les autres restent étrangers : Tout immigré n'est pas nécessairement étranger, et réciproquement* », souligne l'Institut national de la statistique et des études économiques (Insee).
- Même si un individu acquiert la nationalité française, il continue à être un immigré.
- En revanche, il est courant d'entendre parler d'immigrés de la **deuxième** ou **troisième génération** pour désigner les enfants dont les parents ou les grands-parents sont immigrés. Pour ceux qui sont nés en France, le terme est impropre.
- Les enfants d'immigrés qui choisissent de garder la nationalité de leurs parents sont des **étrangers**.

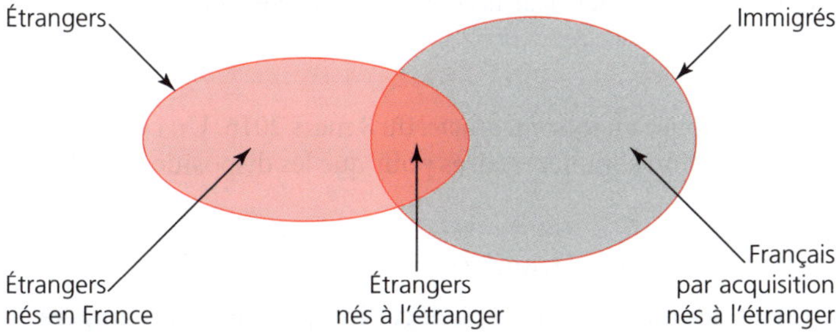

Remarque du formateur

Attention ! On peut faire dire des choses différentes sur l'immigration en manipulant les chiffres.

2. Intégration, assimilation, communautarisme, insertion

Dans les discours politiques sur les immigrés ou sur l'immigration, ces termes sont utilisés. Il est intéressant de se pencher sur le sens précis, les valeurs, les principes véhiculés par chacun.

- **Le terme « intégration »** vient du latin *integrare* : rendre entier, faire entrer une partie dans un tout.

L'intégration est un processus dynamique, chaque individu adhère aux règles, aux valeurs de la société qui l'accueille et respecte ce qui fait l'unité de l'ensemble (cela n'interdit pas les différences).

Dans le discours sociologique, un taux de cohésion sociale élevé sera révélateur d'une « société intégrée ».

- **L'assimilation** correspond au fait qu'un individu adhère aux normes, aux valeurs de la société qui l'accueille, et que disparaissent totalement les références, les spécificités de sa culture d'origine (pas de différences culturelles).
- **Le communautarisme** correspond au fait que diverses cultures cohabitent et conservent leurs spécificités sur un même territoire. La société est multiculturelle. Le risque c'est la rivalité entre communautés et l'impossibilité de prendre des décisions collectives.
- **L'insertion** correspond au fait que la société qui accueille l'individu étranger accepte qu'il garde sa culture, ses spécificités, tout en adhérant et acceptant les règles, les normes, les valeurs de la société qui l'accueille.

3. La loi relative au droit des étrangers en France

Cette loi a été publiée au *Journal officiel* du 8 mars 2016. Un certain nombre de décrets d'application sont nécessaires pour que les dispositions de la loi soient mises en place.

Accueil et séjour des étrangers

La loi prévoit des outils pour l'accueil et l'intégration des étrangers :
- une information pour préparer l'arrivée en France;
- un accueil individualisé d'évaluation et d'orientation;
- un engagement dans un parcours d'intégration républicaine avec la signature d'un contrat;
- une articulation entre parcours d'intégration et titre de séjour avec la généralisation d'un titre de séjour pluriannuel;
- la création d'un titre de séjour avec la mention « passeport talent » pour des investisseurs, des chercheurs, des artistes et salariés qualifiés (pour quatre années maximum);

– la recherche d'emploi ou la création d'entreprise par les étudiants à l'issue de leurs études en France sont facilitées.
Enfin la procédure « étrangers malades » est rénovée, l'avis sur le dossier du demandeur étant désormais confiée à l'Office français de l'immigration et de l'intégration.

Les dispositions relatives aux étrangers en situation irrégulière

- Des procédures nouvelles et efficaces sont prévues et limitent le recours à la rétention.
- La liberté de circulation et de séjour des ressortissants de l'Union européenne est clarifiée et mise en conformité avec le droit européen.
- La lutte contre la fraude est renforcée par la création d'une peine d'emprisonnement et d'une amende pour l'utilisation frauduleuse d'un document d'identité appartenant à un tiers, pour le titulaire du document et l'utilisateur.
- Le contrôle juridictionnel de la rétention est simplifié.
- Des sanctions sont prévues concernant l'obstruction aux procédures d'éloignement.

4. La loi relative à la réforme de l'asile

Promulguée le 29 juillet 2015 et entrée en vigueur le 2 novembre 2015, cette loi présente trois points essentiels :
– un renforcement des droits des demandeurs d'asile;
– une accélération des procédures d'instruction des dossiers;
– la création d'un hébergement directif afin de limiter les concentrations territoriales et d'apporter un hébergement et un suivi social.
22 avril 2018 : le projet de loi asile et immigration est adopté en 1re lecture à l'Assemblée nationale. Il a pour but d'accélérer le traitement des demandes d'asile et d'améliorer les conditions d'accueil.

Entraînement

La présence d'immigrés fait l'objet de critiques de la part de certains Français. Quelles sont-elles ?

Corrigé

La France se vante d'être « terre d'accueil », mais l'immigrant est toujours vécu comme menaçant. Nous allons voir quelles sont les peurs éprouvées par certains Français et si elles sont réellement fondées.

« La France appartient aux Français, les étrangers vont nous envahir ! » Or aujourd'hui, un Français sur cinq a au moins un de ses grands-parents d'origine étrangère. Ces étrangers, venus en France, ont participé à la construction, à l'évolution tant démographique qu'économique et culturelle de notre pays.

« L'immigré célibataire pose des problèmes à la société : il connaît la solitude et cela engendre des problèmes de mœurs. » Favoriser l'immigration familiale pose moins de problème car on se retrouve face à une famille. C'est vrai pour les familles monogames mais que se passe-t-il pour les familles polygames ? La transposition d'un mode de vie totalement différent peut être problématique pour le pays d'accueil. À l'inverse un célibataire peut se marier avec une française, ce qui facilitera son intégration.

« L'immigré n'est pas de religion chrétienne, il est de religion juive, islamique, bouddhiste, hindouiste, il va avoir des habitudes incompatibles avec notre façon de vivre. » Il faut tout de suite rappeler que la France est un pays laïc (séparation de l'Église et de l'État). De plus le pays, est fortement déchristianisé. Enfin, les chrétiens vivent avec des principes de tolérance.

« Les immigrés prennent le travail des Français. » C'est oublier que les emplois les moins qualifiés et les plus pénibles n'ont rien d'attractif pour les Français qui bien souvent refusent de les faire. Quant aux immigrés hautement diplômés ils occupent des postes où l'on a parfois une pénurie de personnel (par exemple les infirmiers espagnols). Ils sont les premiers à connaître le chômage et à subir des discriminations à l'embauche.

Dernière critique : « les immigrés vivent entre eux, et cela favorise le communautarisme » (affrontement de communautés, délinquance). Le problème ne vient pas des immigrés mais du fait qu'ils s'installent sur les bassins d'emploi et que l'urbanisation concentre les logements sociaux (cités dortoirs).

Les critiques à l'encontre de l'immigration révèlent la peur de perdre une certaine qualité de vie.

QCM d'entraînement

Pour certaines questions, il est possible de cocher plusieurs réponses.

① Les mariages hétérosexuels sont plus nombreux que les mariages homosexuels.
- ☐ Vrai
- ☐ Faux

② Le taux de mortalité infantile est de :
- ☐ 2,7/1 000
- ☐ 3,7/1 000
- ☐ 5,7/1 000

③ En France, le mariage pour tous est légal depuis :
- ☐ 2012
- ☐ 2013
- ☐ 2014

④ Les pères peuvent prendre un congé parental.
- ☐ Vrai
- ☐ Faux

⑤ Une famille composée d'un père et ses enfants est appelée :
- ☐ patriarcale
- ☐ nucléaire
- ☐ monoparentale

⑥ Les prestations familiales sont versées aux familles par :
- ☐ la caisse d'allocations familiales
- ☐ la caisse nationale des allocations familiales
- ☐ la caisse primaire des allocations

⑦ L'État veut créer des places d'accueil pour les moins de 3 ans.
- ☐ 230 000 places en 2019
- ☐ 230 000 places entre 2018 et 2020
- ☐ 230 000 places entre 2018 et 2022

⑧ La loi créant l'autorité parentale date du :
- ☐ 4 juin 1970
- ☐ 4 juin 1980

⑨ À la naissance d'un enfant, le père a un congé de :
- ☐ 3 jours
- ☐ 5 jours
- ☐ 11 jours

⑩ La filiation d'un enfant est indépendante de la reconnaissance.
- ☐ Vrai
- ☐ Faux

⑪ Pour accueillir des enfants, l'assistante maternelle a un agrément.
- ☐ Vrai
- ☐ Faux

⑫ Le jardin d'enfants accueille des enfants âgés de :
- ☐ 1 à 6 ans
- ☐ 2 à 6 ans
- ☐ 3 à 6 ans

⑬ Les enfants de 4-14 ans regardent la télévision :
- ☐ en moyenne 1 h 10/jour
- ☐ en moyenne 2 h 10/jour
- ☐ plus de 2 h 10/jour

⑭ La règle des « 3-6-9-12 » concerne :
- ☐ les logements
- ☐ les enfants
- ☐ l'usage des outils multimédias

⑮ Serge Tisseron est connu comme :
- ☐ psychologue
- ☐ psychiatre
- ☐ sociologue

⑯ Le stade adonaissant se situe entre l'enfant et l'adolescent.
- ☐ Vrai
- ☐ Faux

⑰ Le stade adulescent se situe entre l'adolescent et l'adulte.
- ☐ Vrai
- ☐ Faux

⑱ En France, les personnes de plus de 60 ans sont environ :

☐ 17 millions
☐ 19 millions
☐ 21 millions

⑲ Cochez la ou les bonnes réponses.

☐ Monalisa est une variété de pommes de terre
☐ Monalisa est un dispositif de lutte contre l'isolement des personnes âgées
☐ Monalisa est le nom d'un stérilet

⑳ En ce qui concerne la parité, au niveau mondial, la France se situe :

☐ au 1er rang
☐ au 11e rang
☐ au 21e rang

㉑ En France, les femmes ont obtenu le droit de vote en :

☐ 1944
☐ 1945
☐ 1946

㉒ Le taux d'activité des femmes par rapport à celui des hommes :

☐ est inférieur
☐ est égal
☐ est supérieur

㉓ Les hommes consacrent autant de temps que les femmes aux tâches ménagères.

☐ Vrai
☐ Faux

㉔ Les femmes et les hommes ont des espérances de vie similaires.

☐ Vrai
☐ Faux

㉕ Immigré est synonyme d'étranger.

☐ Vrai
☐ Faux

Correction

① Vrai. 211 000 contre 7 000.

② Le taux de mortalité infantile est de 3,7/1 000.

③ Le mariage pour tous est légal depuis 2013 en France.

④ Vrai. Les pères peuvent prendre un congé parental.

⑤ Une famille composée d'un père et ses enfants est appelée monoparentale.

⑥ Les prestations familiales sont versées aux familles par la caisse d'allocations familiales.

⑦ L'État veut créer 230 000 places d'accueil entre 2018 et 2022 pour les moins de 3 ans.

⑧ L'autorité parentale date du 4 juin 1970.

⑨ À la naissance d'un enfant, le père a droit à un congé de 3 jours (11 jours, c'est le congé paternité).

⑩ Faux. La filiation est possible quand il y a reconnaissance de l'enfant par son ou ses parents.

⑪ Vrai. L'assistante maternelle est agréée.

⑫ Le jardin d'enfants accueille des enfants de 2 à 6 ans.

⑬ Les enfants de 4 à 14 ans regardent la télévision en moyenne 2 h 10/jour.

⑭ La règle des « 3-6-9-12 » concerne l'usage des outils multimédias.

⑮ Serge Tisseron est connu comme psychiatre.

⑯ Vrai. Le stade adonaissant se situe entre l'enfant et l'adolescent.

⑰ Vrai. Le stade adulescent se situe entre l'adolescent et l'adulte.

⑱ En France, les personnes de plus de 60 ans sont environ 17 millions.

⑲ Les trois propositions sont vraies mais la deuxième concernant les personnes âgées doit être connue pour le concours. Monalisa est une variété de pommes de terre, un dispositif de lutte contre l'isolement des personnes âgées et le nom d'un stérilet.

⑳ En ce qui concerne la parité, la France se situe au 11e rang au niveau mondial.

㉑ En France, les femmes ont obtenu le droit de vote en 1944.

㉒ Le taux d'activité des femmes est inférieur à celui des hommes.

㉓ Faux. Les femmes consacrent beaucoup plus de temps aux tâches ménagères.

㉔ Faux. Les femmes ont une espérance de vie supérieure à celle des hommes.

㉕ Faux. Immigré n'est pas synonyme d'étranger.

Auto-évaluation du QCM de culture générale

Reportez le résultat de vos réponses et comptez un point par bonne réponse.

	Questions 1, 2, 3, 4, 5	Questions 6, 7, 8, 9, 10	Questions 11, 12, 13, 14, 15	Questions 16, 17, 18, 19	Questions 20, 21, 22, 23, 24, 25
Culture générale	… /5	… /5	… /5	… /4	… /6
	Vous avez moins de la moitié des réponses bonnes, vous devez travailler les fiches suivantes :				
	Fiches 1, 2	Fiches 3, 4	Fiches 5, 6	Fiches 7, 8	Fiches 9, 10
	Vous avez plus de la moitié des réponses bonnes, poursuivez ! Relisez bien les fiches et renforcez vos connaissances en vous entraînant.				
	Vous n'avez que des bonnes réponses ! Bravo, vous avez bien intégré les connaissances de base pour réussir la partie écrite et le sujet de l'oral du concours. Continuez toutefois à vous entraîner régulièrement et à suivre l'actualité.				

PARTIE 2

Les phénomènes de société

L'environnement : quels enjeux ?

Notre planète est en pleine crise écologique.
L'homme et ses activités en sont à l'origine. Il a exploité, pillé les ressources de la Terre ne permettant plus leur renouvellement.

1. Les différents bouleversements environnementaux

• L'**atteinte de la biodiversité** présente des effets néfastes sur plusieurs aspects du bien-être humain, tels que la sécurité alimentaire, la vulnérabilité face aux catastrophes naturelles, la sécurité énergétique et l'accès à l'eau propre et aux matières premières. Elle touche également la santé, les relations sociales et la liberté de choix. L'extinction actuelle, provoquée par les activités humaines, équivaut à une crise biologique majeure car d'ici à 2050, on considère que 20 à 30 % des espèces auront disparu.

• La **dégradation de la couche d'ozone** implique une filtration moins importante des rayons ultraviolets les plus nocifs et une augmentation des risques pour la vie terrestre :
- brûlures superficielles, conjonctivites, cataractes ;
- augmentation des cancers et vieillissement de la peau ;
- maladies du système immunitaire ;
- réduction de la photosynthèse : diminution des rendements et de la qualité des cultures, disparition du plancton, premier maillon des chaînes alimentaires aquatiques ;
- etc.

De plus, les UV-B accélèrent la génération du smog photochimique, stimulent la production de l'ozone troposphérique, qui est nocif, et diminuent « la durée de vie » de certains matériaux inorganiques (peintures, plastiques).

• La **pollution de l'eau** constitue une menace pour la santé publique, les espèces sauvages ainsi que pour les sources de revenu comme la pêche et le tourisme. Conséquence de la mauvaise gestion de l'eau : environ 2,1 milliards de personnes (30 % de la population mondiale) n'ont pas accès à des services d'alimentation domestique en eau potable. 4,5 milliards de la population mondiale (60 %) ne disposent pas d'un service d'assainissement de base. Le manque d'accès à l'eau potable et à l'assainissement tue 1,7 million d'enfants de moins de 5 ans chaque année.

• La **déforestation** est une catastrophe aussi bien pour l'homme que pour les autres espèces. On estime que 28 000 espèces animales et végétales disparaissent chaque année à cause d'elle. Le déboisement détruit les sols, qu'il rend improductifs, et les expose aux inondations. De plus, les forêts jouent un rôle essentiel dans le cycle de l'eau (stockage et régulation). La déforestation est responsable de 20 à 25 % des émissions mondiales de gaz à effet de serre.

- La **pollution lumineuse** est une forme de pollution assez peu évoquée. L'exposition moyenne à la lumière artificielle peut atteindre sept heures par jour. Elle a des effets néfastes sur la santé humaine (perturbation du sommeil) et participerait à l'augmentation des cancers. En effet, sous l'effet de la lumière artificielle, l'épiphyse diminue nettement la production de mélatonine dont les bienfaits seraient multiples : antivieillissement, frein au développement des tumeurs, stabilisation de la tension, maintient la libido. Elle constitue aussi des dépenses inutiles d'énergie.
- Le **bruit** est une nuisance qui touche plus les citadins. Elle affecte la santé physique (acouphènes, perte auditive) mais aussi psychologique (stress, agressivité).
- La **pollution atmosphérique** : la qualité de l'air des villes est altérée par la présence de polluants comme le dioxyde d'azote (NO_2), l'ozone (O_3) et les particules (PM), dont les conséquences sur la santé de l'homme sont bien connues (problèmes respiratoires, accroissement du cancer).
- Des observations montrent les conséquences du **réchauffement climatique** sur notre environnement : une fonte de la banquise, des glaciers, une augmentation des températures (dates des récoltes modifiées), une intensification probable des cyclones, une élévation du niveau de la mer, une élévation de la température de l'eau et de la masse corporelle des poissons.

FICHE 1

2. Peut-on « sauver » la planète ?

Devant la gravité des menaces qui pèsent sur notre environnement, des mesures doivent être prises.

- En 1992, plus de 178 pays se rencontrent et signent la **Déclaration de Rio de Janeiro** sur l'environnement et le développement durable. Dans cette déclaration est présentée une convention sur le climat. Depuis, chaque année, les pays se retrouvent lors d'une « conférence des parties » (COP) pour trouver des solutions concrètes pour lutter contre le changement climatique.
- Les îles Fidji ont organisé la conférence internationale « **COP 23** », qui s'est déroulée à Bonn du 6 au 17 novembre 2017.

Sachant que nos sociétés modernes ne peuvent renoncer au progrès, l'État s'engage dans plusieurs domaines :

- La **loi sur la transition énergétique pour la croissance verte** a été adoptée le 22 juillet 2015. Ce texte vise à réduire la facture énergétique de la France, à faire émerger des activités génératrices d'emplois et à lutter plus efficacement contre les émissions de gaz à effet de serre.

- La loi **du 9 août 2016 pour la reconquête de la biodiversité, de la nature et des paysages** a pour ambition de protéger et valoriser notre patrimoine naturel.
- La stratégie nationale « **transition écologique vers un développement durable** » 2015-2020 propose les perspectives et les orientations à engager pour une transformation d'ampleur de notre modèle de société associant une croissance économique respectueuse de l'environnement et vecteur de progrès social.
- **La Semaine européenne du développement durable** a lieu tous les ans du 30 mai au 5 juin. Elle a pour objectif de promouvoir le développement durable et de contribuer à sensibiliser les citoyens aux 17 objectifs de développement durable (ODD). Ils sont fixés par les États des Nations unies et doivent être atteints vers 2030 pour éradiquer la pauvreté, protéger la planète et garantir la prospérité de tous.

Entraînement

En tant que futur aide-soignant, pensez-vous que l'hôpital et les établissements de soins sont concernés par le développement durable ?

Corrigé

L'hôpital est producteur de pollution et de déchets. Il est aussi consommateur d'énergie. Et il est employeur d'agents hospitaliers eux-mêmes consommateurs. Les hôpitaux sont consommateurs d'eau et d'énergie, de piles (des économies sont possibles). Ils sont producteurs de déchets (tri) et utilisent des substances toxiques (substitution par des produits neutres). Les changements peuvent également concerner les achats (solutions durables, produits recyclés).

Les établissements de santé ont un impact à travers leur comportement dans deux secteurs :

- en prenant des **mesures de restriction** des émissions polluantes notamment de celles qui induisent un effet de serre, mais aussi d'émission de déchets solides et liquides ;
- en engageant des **réflexions sur l'achat et la consommation de produits** fabriqués ou d'aliments produits de manière plus responsable. Les responsables peuvent communiquer en interne avec le personnel et ainsi contribuer à développer la prise de conscience de tous et l'amélioration des comportements dans mais aussi hors de l'entreprise.

Le développement durable s'intègre petit à petit dans la démarche qualité de l'hôpital.

Plus d'une dizaine d'établissements se sont lancés dans la voie des « hôpitaux plus verts », et Toulouse, Marseille, Alès, Valenciennes… ont été labellisés. Ils peuvent utiliser le logo européen SMEA (système de management environnemental et d'audit).

Les hôpitaux sont concernés par le développement durable et doivent adopter des attitudes éco-citoyennes sans nuire à la qualité des soins.

FICHE 2 La précarisation du monde du travail

La précarisation sous-entend une insécurité sur le marché du travail qui se traduit par des licenciements, du chômage, des emplois précaires, et le non accès au monde du travail.

FICHE 2

1. Les causes

L'économie française est confrontée à la concurrence internationale, ce qui oblige les entreprises à être compétitives, et l'état à lutter contre l'inflation

Dans tous les pays, le taux de productivité s'est élevé, c'est-à-dire qu'il faut moins d'heures de travail et donc d'hommes pour produire le même nombre de produits.

Au niveau du marché du travail cela se traduit par la diminution d'emplois en contrats à durée indéterminée, une décentralisation de la production, donc une augmentation des licenciements et le développement de contrats précaires (contrats à durée déterminée, poste à temps partiel, intérim)

Cette situation redessine le paysage de la France des actifs.

Nous trouvons une partie de la population active qui dispose d'un emploi stable et d'une qualification qui leur permet malgré les aléas économiques de constituer le « noyau dur » des entreprises.

Ensuite, nous trouvons une partie des travailleurs qui alternent entre périodes de travail et période de chômage, et qui du fait d'emplois précaires sont victimes des variations de la conjoncture économique.

Enfin, le dernier tiers des actifs est composé de personnes sans qualification, peu adaptées et adaptables aux exigences de l'entreprise. En période économique faste, ces personnes occupent des « petits boulots », mais en période de récession, elles se retrouvent exclues, marginalisées, et leurs chances d'intégrer de manière stable le marché du travail sont faibles.

2. Les conséquences

La précarité, la pauvreté, la marginalisation vont être les conséquences directes de la précarisation du monde du travail.

Les actifs exclus du monde du travail connaissent une situation financière très difficile, leurs ressources sont constituées d'allocations : allocation chômage, ou l'allocation de solidarité spécifique pour les chômeurs en fin de droit (ASS), ou le revenu de solidarité active (RSA).

L'allocation de solidarité spécifique (ASS) est versée aux chômeurs ayant épuisé leurs droits aux allocations chômage. Celle-ci est versée majoritairement à des allocataires âgés de cinquante ans et plus, et un tiers se voit dispensé de recherche d'emploi. Le marché du travail ne voulant pas de ces quinquagénaires sans qualification et pas adaptables aux exigences de l'entreprise. Au-delà d'un certain âge, la reconversion des anciens ouvriers reste malaisée.
Les femmes sont très représentées dans ce paysage de la précarité, car elles sont les premières à prendre des contrats à durée indéterminée et des contrats à temps partiel. L'emploi dans ces conditions les place au premier rang des chômeurs, et surtout des travailleurs pauvres.
Avoir un travail ne garantit pas un salaire plus élevé que les allocations.
Le remplacement du RMI par le RSA est d'ailleurs prévu pour venir en aides aux sans ressources de plus de 25 ans, ou aux travailleurs les plus pauvres.
Au-delà des difficultés financières, qui entraînent inévitablement des dettes, la perte de logement, cela génère l'angoisse du lendemain, l'addiction (médicaments, alcool, etc.) la perte de confiance en soi, problèmes de couple ou familiaux, (conflits, violence, divorces séparations) colère contre la société, marginalité.

FICHE 2

Entraînement

Le chômage des jeunes n'a jamais été aussi élevé

Taux de chômage par classe d'âge au sens du Bureau international du travail (BIT) entre 1975 et 2016. Le taux pour l'ensemble de la population active s'affiche au survol.

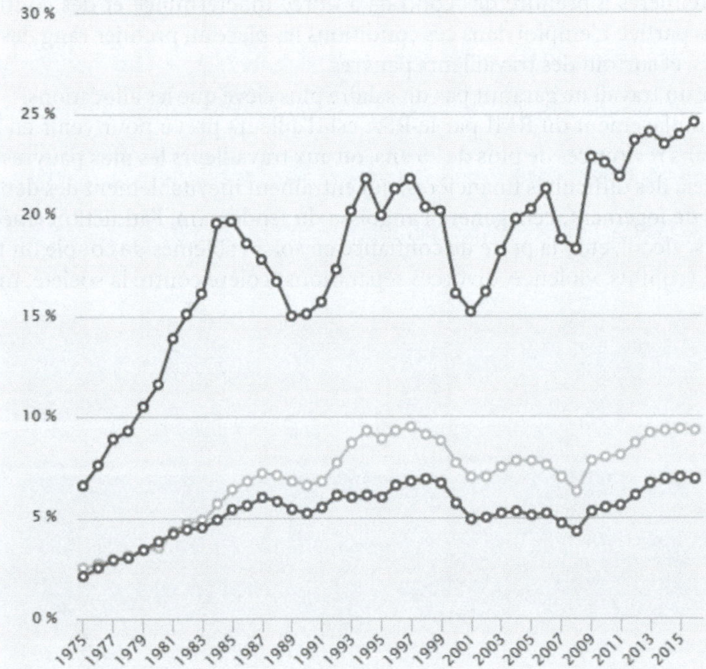

Source Insee

2016 :

- 15-24 ans 24,6 %
- 25-49 ans 9,3 %
- 50-64 ans 6,9 %

10,1 % pour l'ensemble de la population active

Ce graphique montre que depuis 1975 les jeunes sont les premières victimes de la crise. Sont-ils tous vulnérables face à l'emploi ? Quelles sont les autres catégories aussi vulnérables et pour quelles raisons ?

Corrigé

Les jeunes sont décrits comme les premières victimes de la crise. C'est en partie vrai, car les jeunes arrivent sur le marché du travail sans expérience, ils doivent prouver leurs compétences. Les jeunes les plus en difficulté sont ceux qui sortent du système scolaire sans diplôme, car ils ne pourront prétendre qu'à des emplois non qualifiés, qui disparaissent au profit d'emplois très qualifiés. Les jeunes, ne sont pas seuls victimes de la crise de l'emploi, sont touchés les quinquagénaires, qui sont considérés comme trop « vieux » et pour qui la reconversion paraît très difficile. Les travailleurs immigrés sans qualification, qui n'ont à vendre que leur « force de travail » alors que l'entreprise actuelle cherche des compétences. Les femmes subissent des discriminations à l'embauche. Enfin, les travailleurs handicapés qui subissent le chômage d'autant plus que les employeurs ont des critères de performance, qui paraissent incompatibles avec des personnes en situation de handicap.

FICHE 3 Le revenu de solidarité active

Le revenu de solidarité active (RSA) est un dispositif de lutte contre la pauvreté. Il est entré en vigueur le 1er juin 2009 en France métropolitaine. Le 1er septembre 2010 a été créé le RSA jeunes, pour les 18-25 ans.

Selon Martin Hirsch, qui est à l'origine de ce dispositif, « le RSA n'a pas l'ambition de résoudre tous les problèmes de pauvreté mais garantira à toute personne qui retrouve un emploi qu'elle gagnera davantage que lorsqu'elle ne travaillait pas ». Il a souhaité également changer l'image des bénéficiaires du RSA, qui ne sont pas des « assistés » mais qui doivent être soutenus car pour beaucoup ils perçoivent de petits salaires.

1. Pourquoi le RSA ?

- **Pour encourager l'activité professionnelle.** Quand une personne retrouve un travail, c'est un complément de revenus qui lui permet de gagner plus que les prestations.
- **Pour lutter contre l'exclusion.** Un interlocuteur unique suit l'ensemble du dossier, accompagne la personne dans sa recherche d'emploi et l'informe sur les aides facilitant la reprise d'activité.
- **Pour simplifier les minima sociaux** : versement d'une seule prestation.
- Le revenu de solidarité active diminue à mesure que les revenus du travail augmentent.

2. Données sur le RSA

Au 1er janvier 2018, le revenu de solidarité active est versé par les caisses d'allocations familiales à 1,827 million de foyers (France métropolitaine et départements d'outre-mer [Dom]).
Le nombre de bénéficiaires a diminué de 0,6 % par rapport à l'année précédente à la même période.
La prime d'activité a été versée à 2,67 millions de foyers, soit une hausse de 7,5 % sur un an. L'attribution du RSA interviendra après l'établissement d'un dossier qui tiendra compte de plusieurs éléments : âge du demandeur, sa nationalité, ses ressources et la composition de son foyer (nombre d'enfants ou de personnes à charge, ainsi que leurs âges).
Le montant du RSA pour une personne seule est de 550,90 € (1er avril 2018).

Entraînement

❶ Les bénéficiaires des aides comme le RSA sont souvent étiquetés comme des « assistés ». Comment comprenez-vous ce terme ?

❷ Le revenu de solidarité active peut-il réduire la pauvreté ?

Corrigé

❶ En 1988, le RMI voyait le jour et vingt ans plus tard il est remplacé par le RSA.
Le RMI a été considéré comme une grande avancée sociale : c'était la mise en place d'une solidarité nationale en faveur des « blessés de la vie ». Petit à petit, les bénéficiaires du revenu minimum d'insertion étant loin du monde du travail et, comme les chômeurs, soupçonnés de faire peu d'efforts pour se réinsérer dans le monde du travail, ils ont été considérés comme des « assistés ».
L'assisté dépend d'une ou plusieurs institutions (il ne se débrouille pas seul), et vis-à-vis de la société il est considéré comme « inutile », « incompétent ». D'ailleurs, le terme « RMiste » a été utilisé de manière courante, ce qui renvoi à un statut social bien déterminé (un pauvre qui ne travaille pas). Avec le RSA, on peut craindre la même évolution : « un pauvre qui travaille » ce qui donnera le sentiment d'un travailleur « inférieur » ayant un emploi sous qualifié, précaire.
Avec le RSA, on peut craindre une « nouvelle race d'assistés » : le travailleur précaire assisté, et du même coup la création d'une nouvelle catégorie sociale.

❷ Le revenu de solidarité active (RSA) est entré en vigueur le 1er juin 2009 en France métropolitaine, avec le but avoué de pallier l'enfermement de ses bénéficiaires dans la trappe de l'inactivité, en alliant incitation à la reprise d'emploi et complément de ressources.
Le RSA peut-il réussir à réduire de manière significative la pauvreté ?
Le nombre des allocataires du RSA s'élève à 1,827 million, le chiffre est resté relativement stable par rapport à l'année précédente. Ceci démontre la difficulté à retrouver une activité salariée pour les personnes qui ont « décroché » de l'emploi et leur donne le sentiment d'être assistées.
Les promoteurs du revenu de solidarité active souhaitaient que la reprise d'une activité salariale, même partielle, permette la diminution du nombre des allocataires de minima sociaux et, par répercussion, améliore les indicateurs de pauvreté.
Or, sortir d'un chômage volontaire et de la dépendance à une prestation pour reprendre une activité professionnelle ne se réalise que de façon exceptionnelle, car le retour à l'emploi est difficile dans une conjoncture économique compliquée (taux de chômage élevé, peu d'emplois non qualifiés, des salaires bas, etc.).

Quant aux 2,67 millions de travailleurs pauvres qui bénéficient du RSA socle et de la prime d'activité, ils sont de plus en plus nombreux (22 % de familles monoparentales). Avec leur famille, c'est plus de 4 millions de personnes concernées. Pour conclure, le RSA échoue dans son objectif de réduction de la pauvreté, et la relative constance du nombre des allocataires témoigne de cette situation.

FICHE 3

FICHE 4 La pauvreté

Le nombre de personnes vivant sous le seuil de pauvreté est estimé 8,9 millions en France métropolitaine, soit avec moins de 1 015 euros par mois. Ce chiffre reste relativement stable.

1. Définition (donnée par l'Insee)

Un individu (ou un ménage) est considéré comme pauvre lorsqu'il vit dans un ménage dont le niveau de vie est inférieur au seuil de pauvreté. L'Insee, comme Eurostat et les autres pays européens, mesure la pauvreté monétaire de manière relative alors que d'autres pays (comme les États-Unis ou le Canada) ont une approche absolue.

Dans l'approche en termes relatifs, le seuil est déterminé par rapport à la distribution des niveaux de vie de l'ensemble de la population. Eurostat et les pays européens utilisent en général un seuil à 60 % de la médiane des niveaux de vie. La France privilégie également ce seuil, mais utilise aussi très largement un seuil à 50 %, seuil de référence jusque récemment.

Conseil du formateur

Dans le secteur médico-social beaucoup de sigles sont utilisés, aussi prenez tout de suite l'habitude de vous faire un glossaire.
Insee : Institut national de la statistique et des études économiques.
Eurostat : Office statistique des Communautés européennes (appellation officielle).

2. Les chiffres la pauvreté (selon l'Insee)

- Le seuil de 60 % correspond à un revenu de 1 015 € mensuels pour une personne seule.
- Le seuil de 50 % correspond à un revenu de 846 € mensuels pour une personne seule (chiffres publiés en 2017).
- Selon l'Insee, La modeste reprise économique et la hausse des salaires, une légère baisse du chômage laissent à penser que le seuil de pauvreté devrait suivre la même évolution et se redresser de quelques euros par mois.
- La France compte **8,8 millions de personnes pauvres** ayant un revenu inférieur à 60 % du revenu médian, **5,2 millions** à 50 % et **2,1 millions** au seuil de 40 %.

Conseil du formateur

Dans votre fiche par thème :
- Inscrivez des chiffres clés que vous pourrez remettre dans votre écrit.
- Notez la source de vos informations.

Attention ! les chiffres varient en fonction des éléments pris en compte.

FICHE 4

3. Les difficultés rencontrées par les travailleurs pauvres

Des ressources insuffisantes

Les nouveaux pauvres sont des chômeurs de longue durée, des jeunes sans emploi, des SDF, mais aussi les mères seules avec enfants, avec peu ou pas de ressources.

Les mesures

Le **RSA** (Revenu de Solidarité Active) : en 2018 il s'élève à 550,93 € pour une personne seule sans enfant. Il a été versé fin décembre 2017 à 1,83 million de bénéficiaires.

Les minima sociaux

– Les **différentes allocations en cas de chômage :** l'allocation de retour à l'emploi (ARE), l'allocation de solidarité spécifique (ASS), versée aux chômeurs en fin de droit.
– l'**allocation de soutien familial**, mise en place en 2009, s'adresse aux personnes assumant seules la charge d'au moins un enfant né ou à naître ;
– l'**allocation aux adultes handicapés** (AAH), instituée en 1975, s'adresse aux personnes handicapées ne pouvant prétendre ni à un avantage vieillesse ni à une rente d'accident du travail ;
– l'**allocation supplémentaire d'invalidité** (ASI), crée en 1957, s'adresse aux titulaires d'une pension d'invalidité servie par le régime de Sécurité sociale au titre d'une incapacité permanente ;
– l'**allocation veuvage**, créée en 1980, s'adresse aux conjoints survivants d'assurés sociaux décédés ;
– Les **allocations du minimum vieillesse** (ASV et ASPA) : l'**allocation supplémentaire vieillesse** (ASV), créée en 1956, s'adresse aux personnes âgées de plus de 65 ans (60 ans en cas d'inaptitude au travail) et leur assure un niveau de revenu égal au minimum vieillesse. Une nouvelle prestation, l'**allocation de**

solidarité aux personnes âgées (ASPA) est entrée en vigueur le 13 janvier 2007. Cette allocation unique est destinée aux nouveaux bénéficiaires.

L'accès aux soins

- **Les mesures** : la Protection universelle maladie (PUMA). La couverture maladie universelle complémentaire (CMU-C) (fin 2017, 5,4 millions de bénéficiaires) et l'aide complémentaire santé (ACS) (fin 2017, 1,52 million de bénéficiaires).
- Présence de Permanences d'accès aux soins (Pass) au sein des établissements de santé et des Équipes mobiles de psychiatrie-précarité (Empp).

La loi de modernisation du système de santé du 17 décembre 2015 prévoit la lutte contre les refus de soins et l'encadrement des tarifs des prestations d'optique, dentaires, prothétiques, orthodontiques pour les bénéficiaires de l'ACS. Enfin la loi relative à l'adaptation de la société au vieillissement, du 29 décembre 2015 prévoit le renouvellement automatique de l'ACS pour les bénéficiaires de l'**allocation de solidarité aux personnes âgées** (ASPA).

L'accès au logement

Le travailleur pauvre en situation de précarité professionnelle, se trouve confronté à l'absence de logement à un loyer accessible à ses ressources financières. Les travailleurs pauvres sont de plus en plus nombreux à frapper aux portes des résidences sociales.

- **Les mesures** : Le **DALO** droit au logement opposable entre en vigueur en deux étapes. En vigueur depuis le 1er janvier 2008, il concerne les personnes dans les situations les plus difficiles : sans domicile fixe, travailleurs pauvres, femmes isolées avec enfants, personnes en logement indigne ou insalubre, mais également, les demandes anormalement longues.

Les **établissements d'hébergements temporaires** accueillent des travailleurs, dans la limite de leurs possibilités et non sans difficulté… En effet, faits pour répondre aux besoins de personnes sans emploi, ils doivent aujourd'hui répondre et s'adapter à un public de travailleurs pauvres, nouvelles victimes de la pénurie générale de logement social.

La vie courante

Accéder aux biens tels que la nourriture, les vêtements, les loisirs, est difficile pour les personnes ayant peu de ressources.

- Mesures : le SAMU Social va vers les personnes et offre certains services (un repas, une place en hébergement d'urgence, l'écoute). L'association Emmaüs

FICHE 4

permet de s'équiper à peu de frais (vêtements, meubles). Les Restos du cœur offrent des repas. ATD Quart-monde est à l'origine de la journée internationale pour l'élimination de la pauvreté tous les 17 octobre depuis 1993. Le Secours populaire organise des vacances pour les enfants, offre des vestiaires, des épiceries sociales. Etc.

FICHE 4

Entraînement

Quels sont les facteurs qui favorisent l'exclusion dans l'accès au logement ?
Que vous suggère ce fait de société ?

Corrigé

Bien que l'accès au logement soit un droit, de plus en plus de personnes ne peuvent y prétendre, nous allons exposer les facteurs à l'origine de cette exclusion, et les réflexions que suscite ce fait de société.

Les villes attirent car elles proposent emplois, commerces, formations, loisirs, mais le logement se raréfie et l'on assiste à une flambée des prix à l'achat comme à la location. Les administrations (communes, régions) n'ont pas toujours les moyens ou la volonté de construire des habitations à loyers modérés, donc elles sont en nombre insuffisant, face à la demande des salariés, ou des bénéficiaires des minima sociaux (bénéficiaires du RSA, handicapés, retraités).

Rentrer dans un logement, devient difficile car il faut remplir des conditions de solvabilité : avoir une caution correspondant à trois mois de loyers, avoir un contrat à durée indéterminée ou avoir un garant qui s'engage à payer les loyers en cas de défaillance. Or on sait que la précarité se développe au niveau de l'emploi (intérim, contrat à durée déterminée, stage, chômage). Des frais annexes sont à prévoir : ouverture des compteurs, travaux, emménagement, assurance.

Le mode de vie actuel : famille nucléaire (pas de cohabitation entre générations), les ruptures au sein des familles (séparations, divorces, veuvages, fugues, femmes maltraitées), génèrent des demandes de logement supplémentaires, et fragilisent, car il devient vite difficile d'assumer financièrement toutes les charges (les siennes, plus les pensions alimentaires).

Le nombre croissant de places en structures d'accueil et d'hébergement d'urgence n'est que le révélateur des problèmes de société, et surtout de la montée de la pauvreté et de la précarité en France. (habitat en caravane, mobil-home, hôtel, tente).

L'État ne doit pas négliger ce problème car le droit au logement est inscrit dans la loi française depuis 1946, et dans la déclaration universelle des droits de l'homme de 1948.

FICHE 5 Les retraites

Bref descriptif du système des retraites
La vieillesse est considérée comme un risque car avec l'âge l'individu risque de devenir incapable de travailler et donc de subvenir à ses besoins.
La construction du régime d'assurance vieillesse couvrant l'ensemble de la population a abouti à la création en 1945 de la Sécurité sociale qui comprend la « branche vieillesse ».
Au départ il était souhaité un régime unique, quelle que soit la situation professionnelle, mais cela ne s'est jamais concrétisé.
Le système repose sur :
- un mécanisme de **répartition** ;
- un financement par des **cotisations** basées sur les revenus de l'activité professionnelle ;
- une **solidarité** par le biais de la compensation démographique (les plus jeunes cotisants finançant les retraites des plus vieux) ;
- la coexistence d'une **retraite de base** et d'une **retraite complémentaire** obligatoires, et une forme **d'épargne retraite** volontaire (plans épargne retraite).

Les enjeux économiques et sociaux

- Évidemment se pose le problème du **financement des retraites** : quelle part de richesse la société est-elle prête à consacrer ? et comment en maîtriser la gestion ?
- La mise en place du système des retraites a permis une **amélioration du niveau de vie** de la population, et fait des retraités des acteurs économiques incontestables. Il suffit de regarder les campagnes de publicité à destination des seniors (voyages, assurances, voitures, équipement, etc.).
- Autrefois les personnes qui ne pouvaient plus travailler dépendaient complètement de leur entourage familial. Aujourd'hui, il est devenu courant de voir les **retraités aider** financièrement leurs enfants et leurs petits-enfants.
- L'amélioration du niveau de vie des personnes âgées est **producteur d'emplois** : les intervenants à domicile. Un tiers des plus de 70 ans sont employeurs de salariés (aide ménagère, auxiliaire de vie).
- Évidemment, la situation démographique est particulièrement défavorable : avec une espérance de vie de 85,3 ans pour les femmes et de 79,5 ans pour les hommes, cela **inverse le rapport** du nombre de retraités (donc de retraites à verser) et le nombre d'actifs (financement des retraites grâce aux cotisations).

• La situation des retraites en France semble préoccupante pour l'avenir, et les débats sont souvent vifs : système par répartition ou par capitalisation, durées de cotisation, niveaux des pensions, régimes spéciaux, épargne retraite, etc.
• De plus l'entrée dans le monde du travail se fait de plus en plus tardivement, du fait de l'allongement des études, et les départs de plus en plus précocement, avec notamment le départ des quinquagénaires dont les entreprises se « débarrassent » lors de licenciements économiques, de restructurations, en proposant une **préretraite**.

Les principales réformes

1982	Ordonnance qui fixe l'âge légal de la retraite à 60 ans.
1993	– Allongement de la durée de cotisation de 37,5 ans à 40 ans. – Salaire de base calculé sur les 25 meilleures années. – Création du fonds de solidarité vieillesse. – Majoration de retraite pour enfants ou conjoint à charge. – Validation des périodes de chômage ou service militaire.
1999	Création du fonds de réserve pour les retraites.
2000	Réforme de l'épargne salariale (épargne collective et individuelle).
2003	– Alignement du régime de retraite des fonctionnaires sur celui des salariés du secteur privé. – Allongement de la durée de cotisation 40 ans (soit 160 trimestres). – Possibilité de rachat jusqu'à trois années d'études. – L'âge d'ouverture des droits à la retraite est toujours de 60 ans. – La loi introduit un système de décote et de surcote. – Création de deux nouveaux dispositifs d'épargne salariale. – Un trimestre supplémentaire de cotisation par an jusqu'en 2012.
2007	Simplification du minimum vieillesse et création de l'allocation supplémentaire aux personnes âgées (ASPA).
2008	Confirmation de la loi de 2003.
2010	L'âge de la retraite à taux plein, quel que soit le nombre de trimestres d'assurance, passerait à 67 ans.
2014	La loi prévoit une évolution de la durée de cotisation pour une retraite à taux plein (l'âge légal de départ reste fixé à 62 ans). Est également prévue la création du compte personnel de prévention de la pénibilité qui sera en vigueur au 1er janvier 2015.
2015	Entrée en vigueur du compte personnel de prévention et pénibilité complété au 1er juillet 2016.

Entraînement

❶ Face aux difficultés financières rencontrées par les régimes complémentaires de retraite AGIRC (retraite des cadres) et ARRCO (retraite des salariés), un accord a été signé fin octobre 2015 entre les syndicats et le patronat. Que pouvez-vous en dire ?

❷ La branche vieillesse de la Sécurité sociale est basée sur un système de « répartition ». Après avoir expliqué ce système, vous en donnerez les avantages et les inconvénients.

Corrigé

❶ Afin de réduire les déficits et de sauvegarder les régimes complémentaires de retraite de l'AGIRC et de l'ARRCO, syndicats et patronat ont signé un accord le 30 octobre 2015.
Les changements programmés sur plusieurs années sont les suivants :

- Dès 2016, la revalorisation des pensions sera décalée du 1er avril au 1er novembre de chaque année. C'est une mauvaise nouvelle pour les retraités qui verront leurs revenus stagner alors que le niveau de vie continuera à progresser.
- Pendant trois ans (2016, 2017, 2018), les pensions complémentaires seront revalorisées sur l'évolution des prix moins un point. Cette sous-indexation des retraites aura également une incidence sur les revenus des retraités.
- Pour les salariés actuels, le prix d'achat des points sera majoré.
- Il est prévu pour 2019 un système de bonus-malus pour les futurs retraités nés à partir de 1957. Cette mesure doit inciter les salariés à différer leur départ. Pour échapper à une réduction de leur pension, ces derniers devront retarder la liquidation de leur retraite d'un an à partir de la date où ils rempliront les conditions (âge et durée de cotisation) d'une pension à taux plein pour leur retraite de base. À défaut, leur retraite complémentaire subira une décote de 10 % pendant trois ans, toutefois celle-ci ne pourra pas s'appliquer au-delà du 67e anniversaire.
- L'accord prévoit que les partenaires sociaux se retrouveront en 2021 pour décider, au vu de la situation financière des régimes, si la troisième année de malus sera nécessaire.
- Les efforts financiers sont supportés par les salariés et les retraités. Mais les entreprises devront s'adapter pour gérer les fins de carrière de leurs salariés qui vont souhaiter décaler leur départ à la retraite, ce qui implique qu'elles changent leurs habitudes, voire l'organisation du travail.

❷ Dans le système des retraites en France, coexiste la retraite de base et la retraite complémentaire. L'ensemble fonctionne grâce à la solidarité (solidarité entre générations) et selon un mécanisme de répartition. C'est ce mécanisme que nous définirons dans un premier temps, puis nous évoquerons ses avantages et ses inconvénients.

Le mécanisme de répartition s'appuie sur les cotisations que versent les salariés qui financent ainsi les retraites des anciens travailleurs.
Le gros avantage de ce système c'est qu'il est solidaire. En effet, chaque individu cotise pour l'ensemble des retraités, ce qui permet une redistribution entre les plus riches et les plus pauvres, et instaure la solidarité entre les générations.
Contrairement au mécanisme par capitalisation, il est relativement à l'abri des crises financières, car il repose sur ce que les actifs gagnent. Le pouvoir d'achat des retraités sera toujours aligné sur celui des actifs.
L'inconvénient c'est que cette répartition est menacée par le vieillissement de la population : plus les personnes âgées sont nombreuses, plus il y a de retraites à verser. Or le financement des retraites est assuré par les générations plus jeunes, dont le nombre augmente moins vite que celui des retraités.
Les cotisations, si elles sont trop lourdes, pèsent sur le pouvoir d'achat des ménages et freinent la consommation et la croissance, ce qui est dommageable pour l'économie française.
Pour conclure nous pouvons dire que le système de la répartition est un bon système, basé sur la solidarité, et qui peut être complété par une épargne retraite. Avec un taux de fécondité qui permet le renouvellement des générations, l'avenir sera peut-être moins noir qu'il ne l'est dit.

FICHE 6 La maltraitance à tout âge

En fin d'année 2017 les statistiques indiquent que 109 femmes et 29 hommes sont décédés, victimes de leur compagnon, compagne, ou ex.

Les mauvais traitements sont présents à tous les âges de la vie, dans l'enfance, mais aussi à l'âge adulte par les violences conjugales, ainsi qu'au niveau des personnes âgées.

1. Différentes catégories de violences

Violences physiques	Cette catégorie, la plus visible, regroupe l'ensemble des atteintes corporelles, entre autre : – Les coups, brusqueries, bousculades, rudoiement – Les brûlures – Les chutes provoquées – Les méthodes de contention (physiques, chimiques), les lanières pour attacher – Les entraves à la liberté de mouvement – Nourrir de force ou trop rapidement – Les abus sexuels – Des manutentions énergiques
Violences psychologiques	Agression verbale, crier après la personne Mépris, dévalorisation Tutoiement non désiré Menaces, chantage Privation de contact, isolement, séquestration L'infantilisation Insulte Harcèlement Déni de la douleur L'humiliation Les contraintes
Violences financières (sur les adultes)	Courantes, elles comprennent tous les actes qui empêchent la personne de maîtriser ses ressources. On parle alors de spoliation d'argent Vol d'objets Détournement partiel ou total de pension Héritage anticipé Mise sous tutelle abusive Signatures forcées… Facturations injustifiées de service Contrôle de l'argent personnel

▷

Violences civiques	Cette catégorie concerne la violation des droits élémentaires du citoyen et les abus d'autorité ou de pouvoir. On peut évoquer : – Les placements forcés en institution – Détournement de procuration – Privation de papiers d'identité – Le fait de répondre à la place de la personne – Le fait de préférer quelqu'un incapable de voter, plutôt que d'organiser son déplacement jusqu'au bureau de vote – La restriction ou l'interdiction de visites
Violences médicamen-teuses	Il peut s'agir d'excès de neuroleptiques : moyen d'obtenir la paix À l'inverse, privation des médicaments prescrits La poly-médication excessive est parfois une forme de maltraitance
Les négligences	Elles peuvent être actives (intentionnelles) ou passives Tout manque d'aide à la vie quotidienne, ou le faire mal Ne pas répondre aux appels Ne pas soulager la douleur Non-respect du rythme Non-respect de l'intimité Manque d'écoute et d'attention Abandon d'une personne incapable de s'occuper d'elle-même La privation de liberté La privation de soins d'hygiène La privation de nourriture Le manque de stimuli L'incontinence due au manque de temps pour accompagner l'aîné Ne pas habiller la personne Ne pas ouvrir ses fenêtres

Conseil du formateur

Pour approfondir les mauvais traitements sur enfant il faut connaître :

- Syndrome de Müncchausen,
- Syndrome de Silverman.

2. Les réponses

La législation

Ce sont les articles du code pénal qui sont appliqués en cas de délit ou de crime.

Infraction	Peine encourue	
Violence entraînant une incapacité de travail ≥ 8 jours	3 ans d'emprisonnement et 45 000 € d'amende	Délit
Violence entraînant une incapacité de travail ≤ 8 jours	5 ans d'emprisonnement et 75 000 € d'amende	
Harcèlement moral	3 à 5 ans d'emprisonnement et 45 000 à 75 000 € d'amende	
Violences habituelles	5 à 10 ans d'emprisonnement et 75 000 à 150 000 € d'amende	
Menace de mort	3 ans d'emprisonnement et 45 000 € d'amende	
Agressions sexuelles	7 ans d'emprisonnement et 100 000 € d'amende	
Violences ayant entraîné la mort sans intention de la donner	20 ans de réclusion	Crime
Meurtre	Réclusion à perpétuité	
Viol	20 ans de réclusion	

Les mesures de lutte

Violences aux femmes

- Le 5e plan 2017-2019 de mobilisation et de lutte contre toutes les violences faites aux femmes. La violence aux femmes est grande cause nationale en 2018.
- Des accueils de jour et lieux d'écoute, d'orientation pour les femmes victimes de violence. (généralisation du téléphone grave danger : la personne victime de violence protégée peut joindre une plate-forme d'assistance et être géo localisée).
- Le plan national de lutte contre le harcèlement sexiste et les violences sexuelles dans les transports en commun. Il a été lancé le 9 juillet 2015, et se décline en trois grandes priorités qui sont la prévention, la réaction et l'accompagnement des victimes.
- Journée internationale pour l'élimination de la violence à l'égard des femmes (orange day). Elle a lieue le 25 novembre.
- Un site : stop-violences-femmes.gouv.fr. Un numéro national : violences femmes info 3919.

Violences aux adultes vulnérables

Depuis la loi du 28 décembre 2015, les établissements d'hébergement pour personnes âgées ont l'obligation légale de signaler les situations de maltraitance ou d'abus.

- Le 3977 est destiné aux personnes âgées ou handicapées, ainsi qu'aux témoins de ces situations de maltraitance.

FICHE 6

Entraînement

Pourquoi les violences conjugales ne sont pas visibles ?

Corrigé

La violence conjugale est une affaire privée qui se déroule dans l'intimité d'un couple. Elle prend des formes différentes (verbale, physique, psychologique) et briser le mur du silence qui l'entoure, relève de l'exploit, car les victimes vivent isolées dans la peur, la honte, la culpabilité.

La violence conjugale est vieille comme le monde, elle se développe au sein d'une relation privilégiée où s'installe une relation de pouvoir, de contrôle, du partenaire. C'est à partir des liens basés sur la confiance, l'intimité, la dépendance (affective, économique) que s'installe insidieusement la domination. La victime se sent de plus en plus impuissante, incapable de prendre des décisions, et subit la relation, pire elle met en place des stratégies pour éviter de déclencher la violence.

La relation complexe qui s'installe dans le couple, oscille entre des épisodes de violences et des périodes calmes, l'agresseur voulant se faire pardonner, et la victime se culpabilisant. Il faudra que la violence atteigne un degré insupportable pour que la victime sorte du silence et essaie de sortir de ce cercle infernal (seulement 6 % des victimes portent plainte).

La violence conjugale est un problème souvent invisible, sur lequel il faut lever le silence car il engendre des tragédies individuelles et familiales.

FICHE 7 L'infanticide

L'infanticide désigne le meurtre de son enfant par une mère ou un père. Tous les ans, la presse relate des « affaires de bébés congelés » ou retrouvés morts, quel regard porte la société sur ces mères qui tuent leurs enfants ?

Conseils du formateur

Le regard que porte la société sur un phénomène à travers les âges permet d'expliquer ce qui se passe à notre époque. Il ne faut donc pas hésiter à approfondir ce domaine.

- Le regard que porte la société sur un phénomène à travers les âges permet d'expliquer ce qui se passe à notre époque. Il ne faut donc pas hésiter à approfondir ce domaine.
- Quand vous rédigez un sujet, évitez de dire « avant », car c'est trop imprécis. Il vaut mieux indiquer une période : au XXe siècle, par exemple, ou donner une date précise.

1. À travers l'histoire, quel regard est porté sur l'infanticide ?

- Le rôle de la femme pendant des siècles fut de défendre les valeurs familiales. Les femmes qui devenaient des meurtrières subissaient honte et châtiment.

1556	Afin de traquer les infanticides, on institue l'obligation de déclarer les grossesses.
1810	Le code pénal fait de l'infanticide un crime particulier, en l'assimilant à l'assassinat.
1994	Dans le nouveau code pénal, l'infanticide est considéré comme un homicide aggravé, car commis sur un mineur. « La préméditation est le plus souvent retenue par les cours d'assises. Elles considèrent que les femmes savent qu'elles sont enceintes. Quoique les cas de déni de grossesse puissent exister et que l'infanticide puisse en être la conséquence. »

- Actuellement, les femmes disposent de moyens contraceptifs fiables. Si une grossesse n'est pas désirée, elles peuvent recourir à la contraception d'urgence (pilule ou stérilet du lendemain). Ensuite elles peuvent avoir recours à l'interruption volontaire de grossesse. Enfin, à la naissance, si elles ne peuvent assumer la charge d'un enfant, elles ont la possibilité d'accoucher sous X.

Alors comment se fait-il qu'il y ait encore des infanticides de nouveaux-nés ? Qu'en est-il des motivations des parents qui tuent leurs enfants plus grands ?

2. Les raisons évoquées du passage à l'acte

Chaque infanticide s'inscrit dans un parcours de vie particulier, et à ce titre tous les infanticides sont différents.

Voici quelques situations ou motivations qui peuvent conduire à l'infanticide :
- un parent qui traverse un épisode dépressif grave ;
- un parent qui abandonne son partenaire et l'enfant ou qui est absent ;
- un parent qui agit par vengeance ;
- pour soustraire l'enfant du parent qui est jugé « nocif » ;
- un parent qui ne désire pas d'enfant (une femme peut désirer une grossesse mais ne pas avoir de désir d'enfant) ;
- un parent débordé par les besoins et les exigences d'un enfant ;
- une mère qui vit mal l'intérêt pour l'enfant, alors que pendant la grossesse c'était elle le centre d'intérêt ;
- un enfant réel qui ne correspond pas à l'enfant idéal imaginé avant la naissance.

Le père infanticide agit souvent différemment, à la suite d'un divorce ou d'une séparation pour faire « payer la mère ».

FICHE 7

3. Le déni de grossesse

- En septembre 2015, le procureur de la République de Tours a indiqué que le corps d'un nouveau-né retrouvé dans un meuble avait semble-t-il été abandonné par une jeune fille mineure « dans un déni de grossesse complet ».
- Le déni de grossesse est le fait de ne pas avoir conscience d'être enceinte.

Il peut durer toute la grossesse (déni total), ou cesser avant l'accouchement. (déni partiel).

Tout se passe comme si la grossesse n'existait pas : physiquement la femme ne présente pratiquement pas de prise de poids, il n'y a pas de « ventre », elle ne sent pas bouger le bébé, et elle peut même avoir des saignements génitaux pendant la grossesse.

L'entourage ne voit rien, et même des médecins passent à côté.

Quand le déni est total, l'accouchement s'accompagne d'un état de sidération.

La mort du bébé n'est pas rare soit par accident, soit par manque de soins.

La femme vit donc un drame d'une gravité extrême : non seulement, dans les heures qui suivent la naissance, elle réalise brutalement qu'elle était enceinte sans le savoir, mais de plus que son bébé est mort.

Entraînement

❶ Dans certains pays d'Asie, l'infanticide est courant. Quelles conséquences peuvent avoir ces pratiques sur l'avenir de la société ?

❷ Après la découverte de cinq corps de bébés congelés en Gironde, le psychiatre Paul Bensussan, expert agréé par la Cour de cassation revient sur la notion de « déni de grossesse ». Donnez deux arguments étayant l'existence d'un déni de grossesse et deux arguments la réfutant.

Corrigé

❶ En Asie, l'infanticide est courant, il est exercé contre les filles. Nous allons d'abord expliquer le fondement de cette pratique puis nous aborderons les conséquences sociétales.
En Asie, particulièrement en Inde, en Chine, à Taïwan, en Corée du Sud, etc., les coutumes ancestrales font de la naissance d'une fille un déshonneur. De plus, la famille doit financer la dot lors du mariage de celle-ci.
Dans ces pays, quand naît un garçon, c'est la fête, alors que la fille amène la honte. La petite fille peut être tuée, la mère battue et chassée par son mari.
Si la petite fille est laissée vivante, elle sera abandonnée et viendra gonfler les effectifs des orphelinats, ou bien elle sera laissée sans soins, sous-alimentée, ce qui provoquera sa mort en bas âge. Il est constaté un taux de mortalité anormalement élevé pour les petites filles, et cela crée un déficit de femmes (l'Asie compte aujourd'hui 100 millions de femmes en moins par rapport aux hommes). Ce déficit de femmes crée une société masculine « violente ». Dans certaines régions, se déroulent des trafics de femmes, car les célibataires ne trouvent plus d'épouses. Les violences sexuelles et la prostitution sont en hausse, et même dans certaines familles, les femmes sont partagées par plusieurs hommes (partage d'une épouse entre frères).
Avec les techniques médicales (échographie, avortement), l'infanticide est en recul, surtout dans les centres urbains, mais, les avortements sont plus nombreux et souvent réclamés et imposés par les belles-familles. Il est fréquent de voir des femmes ayant avorté cinq ou six fois.
L'infanticide « culturel » est un drame individuel, familial et sociétal et selon certaines études ce phénomène est loin de s'éteindre, et on estime que d'ici à 2020, le nombre d'hommes sans épouse et sans enfant devrait atteindre 28 à 32 millions en Inde et 30 à 40 millions en Chine.

❷ On donne le nom de déni de grossesse au fait qu'une femme n'a pas conscience d'être enceinte. Tout se passe comme si la grossesse n'existait pas. Ce concept est apparu dans la littérature médicale dans les années 1970. Différents auteurs expliquent que le déni de grossesse peut exister, car il y a un « gel des affects », le corps vivant « déconnecté du mental ». Cette première explication est tout à fait plausible car d'autres phénomènes comme la perte de la vision ou la paralysie chez de grands hystériques sans lésion organique ont été décrits par Freud par exemple.

Le concept de « déni » ne se limite pas au déni de grossesse. C'est un mécanisme psychologique qui est défini par le *Dictionnaire de la psychologie* comme une « non-reconnaissance de certains aspects de la réalité parfaitement évidents pour autrui ».

La personne utilise ce mécanisme de défense de manière tout à fait inconsciente.

Cette seconde explication est étayée par la théorie psychanalytique.

Les détracteurs de ces théories pensent que le déni de grossesse ne serait qu'une « dissimulation », un « mensonge », car ce symptôme ne permet pas de faire la description d'une maladie mentale particulière. Le seul élément qui serait commun à toutes les femmes victimes de déni de grossesse serait l'ambivalence du désir d'enfant.

Enfin, cacher cinq grossesses, cinq accouchements et cinq infanticides demande soit une force de caractère, soit une construction mentale qui permettrait un « clivage » c'est-à-dire la capacité à se « diviser » en deux personnes différentes : d'un côté la femme ordinaire, épouse, mère, et de l'autre, la personne capable de faire ces actes étonnants liés uniquement à la maternité (un côté « Docteur Jekyll et Mr Hyde »).

Le concept de déni de grossesse mériterait d'être approfondi et bien décrit par les experts de la psychiatrie, les psychanalystes ou les psychologues, afin de mieux comprendre ces passages à l'acte et pour aider ces femmes qui souffrent.

FICHE 8 Les conduites à risques des jeunes

Les adolescents recherchent des sensations, défient l'autorité des adultes, et explorent les limites, parfois seuls, mais aussi sous l'influence du groupe d'adolescents (défis).
Les conduites à risque mettent en danger (de manière plus ou moins consciente) l'adolescent et/ou les autres, physiquement mais aussi psychologiquement, voire socialement.

L'adolescence est une période bouleversée avec des remaniements tant physiques (puberté) que psychologiques (affirmation de soi) et sociaux (passage de l'enfance à l'adulte). Cette période de crise s'accompagne d'expérimentations dangereuses.
Pour David Le Breton, sociologue à l'université de Strasbourg II, les conduites à risques peuvent se définir du point de vue du jeune comme « une mise en jeu de soi, dont l'enjeu n'est pas de mourir mais de vivre plus ».

1. Les conduites à risques

Nous ne citerons pas toutes les conduites à risques car elles sont nombreuses, mais en voici quelques-unes : prise d'alcool, de drogue, conduite d'un deux-roues sans casque, conduite d'une voiture sans permis, sans ceinture, rapports sexuels non protégés, jeux du foulard, roulette russe, adoption d'idées et de conduites marginales (groupuscules, sectes), modifications corporelles (scarifications, piercing, implants, 3D body art)…
Face à des conduites à risque, il convient de découvrir à quoi elles correspondent pour le jeune, et leur degré de dangerosité.

- La conduite à risques « exploratoire » : le jeune connaît les règles, les lois, mais il va les transgresser, et la mise en danger est limitée.
- La conduite à risques « excessive » est une exploration des limites en allant jusqu'au bout (exemple du coma éthylique). Le danger, réel, peut aller jusqu'à la mort.
- La conduite à risques dite « ordalique » est comme une conduite à risques excessive, mais le jeune laisse une force supérieure décider de l'issue de l'acte (exemple du hasard à la roulette russe, le destin quand je n'ai pas de casque en deux-roues).

Comment détecter la gravité des conduites à risques ?

La gravité de la conduite à risques nécessite de se poser des questions. Est-elle répétitive ? Depuis combien de temps le jeune a-t-il ce type de conduites ? Y a-t-il des troubles de comportements associés à cette conduite à risques ? Y a-t-il des événements négatifs dans la vie du jeune ?

FICHE 8

2. Les conséquences

Les conséquences de ces prises de risque sur le jeune peuvent être :

- **Immédiates** et conduire à des **atteintes physiques** comme des blessures, la maladie, le traumatisme, le handicap, la mort, mais aussi des atteintes **psychologiques** comme l'angoisse, la peur, le repliement sur soi, et enfin **sociales** (délit, crime, exclusion, marginalisation).
- **Différées** : à plus ou moins long terme, la conduite dangereuse aura des conséquences tant physiques que psychologiques : par exemple, en cas de rapports non protégés, une jeune fille peut tomber enceinte et être confrontée au choix de l'interruption volontaire de grossesse ou de l'abandon à la naissance en vue d'une adoption. Avec l'alcool, l'adolescent peut devenir dépendant, développer un cancer, se livrer à des actes délictueux.

Ces conduites vont avoir des répercussions sur la famille, et les réactions peuvent différer.

La famille « réactive » va exprimer son inquiétude, va chercher à comprendre la difficulté du jeune, à discuter, et va lui rappeler les limites.

La famille « non réactive » va laisser la conduite à risques se répéter, voire augmenter, soit parce que le jeune vit dans un milieu « violent » ou qu'il est laissé à lui-même, soit parce qu'au contraire il est étouffé, surprotégé. Dans ces familles, il y a souvent une image paternelle et d'autorité absente.

Entraînement

Les mannequins sont toutes filiformes et reflètent l'idéal féminin actuel. Quel est l'impact sur les jeunes de cette culture de la minceur ?

Corrigé

Le débat sur la maigreur des mannequins a démarré, donnant lieu à des prises de position de certains gouvernements.

La France dispose déjà de tout un arsenal de lois précises sur le travail des mineurs et les agences de mannequins. Les agences sérieuses n'engagent que des mannequins aptes à exercer, et répondent aux demandes des stylistes et des annonceurs pour qui l'élégance, la beauté riment avec maigreur.

Les professionnels de la mode recherchent des mannequins qui mesurent plus d'1,75 m et qui rentrent dans un 34-36. Pour répondre à ces critères, soit l'on a une constitution particulière (il y a des jeunes qui ne prennent pas de poids, surtout vers 16 ans), soit l'on s'astreint à une hygiène de vie draconienne et nuisible à la santé.

Face à ces modèles, les adolescentes sont de plus en plus nombreuses à avoir l'obsession de la maigreur et leur poids devient vite une préoccupation. Souvent à la suite d'un régime amaigrissant pas forcément justifié sur le plan médical, ces jeunes filles adoptent des conduites alimentaires restrictives et deviennent anorexiques.

Ces personnes ne visualisent pas correctement leur réelle image corporelle, et se trouvent toujours trop grosses et ont peur de prendre du poids. Ce comportement de maîtrise des prises alimentaires est souvent lié à une hyperactivité physique et intellectuelle, ainsi qu'à un surinvestissement scolaire ou professionnel.

De manière générale, les adolescentes sont rarement satisfaites de leur physique, ce qui reflète la difficulté d'accepter une silhouette qui change, de devenir une femme et surtout d'accepter les formes de la féminité.

FICHE 9 Les violences urbaines

Les violences urbaines sont des « troubles à l'ordre public » relativement graves qui se déroulent dans une ou plusieurs villes.

1. La spécificité des violences urbaines

- Ce qui caractérise les violences urbaines, c'est qu'elles sont le fait de bandes de jeunes des banlieues. Elles sont faiblement organisées et ne doivent pas être confondues avec des faits de délinquance.
- **Ces violences urbaines prennent des formes diverses :**

– provocations et injures verbales ou gestuelles contre les adultes du voisinage et les représentants des institutions ;
– émeutes, agressions physiques, bagarres, rixes entre bandes ;
– razzia dans les commerces, racket et dépouillement ;
– rodéo avec des voitures volées, voitures incendiées ;
– trafics divers dont celui de la drogue ;
– attaques de commissariat et de bâtiments publics, saccages et pillages divers.

2. Quelles explications donner ?

Pour expliquer la violence urbaine, qui va du plus simple vandalisme à l'émeute voire à la « guérilla », plusieurs raisons peuvent être évoquées :

- **L'incivilité :** les jeunes qui veulent se faire entendre et respecter « haussent le ton », ils imposent aux autres leurs spécificités et remettent en cause le fonctionnement de la vie collective, qui repose sur la communication, les échanges et le respect mutuel.

D'ailleurs les dégradations (bris de vitres, graffitis, destruction des boîtes aux lettres, des poubelles) et autres actes incivils (injures) génèrent un sentiment d'inquiétude et correspondent à une appropriation de l'espace public.

- **« L'anomie » :** ce terme est employé par les sociologues pour désigner l'absence de normes qui permettent une régulation du comportement humain. L'adjectif *anomique* qualifie notamment des groupes au sein d'une société qui souffrent du désordre dû à l'absence de règles.

La violence des jeunes des banlieues pourrait s'expliquer comme une réaction par rapport au décalage énorme qui existe entre leurs aspirations, leur rêve d'une vie sociale brillante et la réalité de la médiocrité dans laquelle ils sont, qui ne peut générer que des frustrations.

- **La culture de rue :** David Lepoutre dans « *Cœur de banlieue* » explique que l'emploi de la force physique est légitimé dans cette culture, elle est un mode de relation et obéit à des codes. Ce qui est valorisé dans cette violence c'est la manière de dominer sa peur. Dans la culture de rue, tout est mis en scène, rien n'est intériorisé. Le jeune doit apprendre à se défendre, et par la bagarre, les actes, il fait l'expérience du courage et de la force, afin de se construire une réputation reconnue par les autres.

- La colère justifiée par **l'exclusion sociale, la démission des parents** qui ne savent pas faire face à leurs responsabilités éducatives et laissent leurs enfants à la rue. L'éducation incohérente fabrique des individus immatures, profondément convaincus que leurs désirs, tous leurs désirs, sont légitimes (enfants tyrans, enfants rois).

3. Les réponses à ces violences urbaines

- Depuis juillet 2012, ont été créées 80 **zones de sécurité prioritaires**, qui ont pour objectif d'apporter des réponses durables et concrètes aux territoires souffrant d'une insécurité quotidienne et d'une délinquance enracinée, ainsi qu'à ceux qui connaissent depuis quelques années une dégradation importante de leurs conditions de sécurité.
- La **loi du 21 février 2014 pour la ville et la cohésion urbaine** recentre la politique de la ville et instaure un contrat ville.
- L'**Agence nationale de rénovation urbaine** (ANRU) poursuit l'objectif d'amélioration du cadre de vie des habitants et de développement de la mixité sociale.
- La loi sur le renseignement du 24 juillet 2015 donne un cadre légal aux activités des services de renseignement.
- La loi Savary du 22 mars 2016 est relative à la **prévention et à la lutte contre les incivilités, contre les atteintes à la sécurité publique et contre les actes terroristes dans les transports collectifs de voyageurs**.
- La **loi Urvoas du 4 juin 2016** renforce la lutte contre le crime organisé, le terrorisme et leur financement, et améliore l'efficacité et les garanties de la procédure pénale.
- La loi du 30 octobre 2017 sur le **renforcement de la sécurité intérieure** et la lutte contre le terrorisme renforce les compétences des préfets, du ministre de l'Intérieur et étend les mesures de surveillance et de contrôle des zones frontalières.
- Le plan national pour la prévention de la radicalisation présenté le 23 février 2018 propose 60 mesures pour réorienter la politique de prévention.

Entraînement

Pensez-vous que les grands ensembles sont seuls responsables du « mal des banlieues » ?

FICHE 9

Corrigé

Les grands ensembles sont apparus dans les années 1960-1970, période d'intense construction de logement social. Ils sont aujourd'hui à l'origine de la marginalisation voire de la ghettoïsation des populations les plus démunies, mais peut-on dire qu'ils sont seuls responsables des problèmes des banlieues ?
Les logements sociaux regroupent évidemment une population d'ouvriers ou d'employés qui ne peuvent accéder à la propriété. Effectivement, ils concentrent une population d'immigrés ayant les emplois les moins qualifiés et qui connaissent parfois le chômage.
Ces familles ont souvent plus d'enfants, qui se retrouvent scolarisés dans ces quartiers. Ces enfants, peu aidés par leurs familles, sont face à un système scolaire qui ne leur donne pas toujours la chance de réussir et d'avoir un avenir à la hauteur de leurs espérances, et qui fabrique des déçus et des frustrés.
La concentration d'ethnies très différentes, ayant des références culturelles éloignées les unes des autres, engendre un repli « communautariste » qui affaiblit le lien social indispensable pour prendre une place de citoyen.
L'urbanisme n'est pas seul responsable du mal-être des banlieues, il faut également se pencher sur les discriminations, l'évolution de la société de consommation, la montée de l'individualisme, l'influence néfaste des médias qui fabriquent une jeunesse des banlieues perdue, sans repères et valeurs.

La surpopulation carcérale

- 187 établissements pénitentiaires au 1er janvier 2018.
- 70 367 personnes incarcérées en France pour 59 459 places au 1er avril 2018, soit une densité carcérale globale de 118,3 %.
- La population incarcérée est à 96,1 % masculine.

- La population carcérale est formée de **prévenus** (personnes détenues non encore jugées ou dont la condamnation n'est pas définitive), qui sont placés en maison d'arrêt (86 en France) ou dans des quartiers spécifiques dans les centres pénitentiaires, et de **condamnés** (personnes détenues ayant eu une condamnation judiciaire définitive), qui sont dans les 94 établissements pour peine soit en régime de détention, soit en maison centrale, soit en peines aménagées.
- Il existe également 6 établissements pénitentiaires pour mineurs et un établissement public de santé national, à Fresnes.
- Les conditions de détention sont régulièrement **dénoncées** et entravent les possibilités de réinsertion des prisonniers (voir le rapport double peine dénonçant les conditions de détention pour les personnes présentant des troubles psychiatriques).

1. Les soins

- Depuis la loi n° 94-43 du 18 janvier 1994 (chapitre II : Soins en milieu pénitentiaire et protection sociale des détenus), les détenus bénéficient du **régime général** de la Sécurité sociale pendant la durée de leur incarcération. Leur santé est prise en charge par le service public hospitalier. Le détenu a droit à des soins équivalents à ceux proposés à l'extérieur.
- Les compétences en matière de santé ont ainsi basculé du ministère de la Justice au ministère de la Santé. Des unités de consultations et de soins ambulatoires **(UCSA)** ont été implantées par les hôpitaux dans les établissements pénitentiaires avec une augmentation de moyens et de personnels conséquente. Cette nette amélioration des conditions de soins dans les prisons se heurte cependant à un certain nombre de problèmes liés aux conditions de la détention.
- L'état **psychologique** de nombreux détenus pose un problème, en termes de soins mais aussi en termes d'accompagnement de ces personnes fragiles. Un **suicide est recensé tous les 3 à 4 jours** en prison (en moyenne 100 par an).

2. Résoudre le problème de la surpopulation

- La privation de la liberté concilie à la fois la protection de la société et l'exécution de la peine tout en respectant les droits des détenus et la préparation de leur insertion ou réinsertion (loi du 24 novembre 2009).
- Les **peines alternatives** à l'incarcération sont les moyens de répondre aux problèmes de surpopulation dans les prisons. Elles favorisent la réinsertion et réduisent les risques de récidive.
- Les **aménagements de peines** permettent un passage progressif du milieu fermé vers la réintégration dans la société. Les conditions économiques difficiles ne favorisent pas ces aménagements qui pour la plupart nécessitent d'avoir un travail et un logement, alors que la population carcérale est de plus en plus pauvre et marginalisée.
- Le décret n° 99-276 du 14 avril 1999 crée dans chaque département le service pénitentiaire d'insertion et de probation **(SPIP)**. Ces SPIP ont pour missions de mettre en place les dispositifs d'insertion pour les personnes en détention, de faire le lien entre milieu fermé et milieu ouvert, d'accompagner le détenu lors de sa libération, mais ils manquent de moyens tant financiers qu'humains.
- L'application du décret du 1er août 2007 relatif au placement sous surveillance électronique mobile **(PSEM)** a été généralisée. Le bracelet électronique permet un suivi « socio-judiciaire ».
- La loi du 15 août 2014 relative à l'individualisation des peines et à la prévention de la récidive, supprime les peines planchers, crée « la contrainte pénale » et vise à éviter les sorties de prison sans mesure d'accompagnement.

FICHE 10

Entraînement

Sur le site de la Documentation française, nous pouvons lire « La violence contre soi-même, ce sont tous les phénomènes auto-agressifs dont la plus parfaite image est le suicide, qui atteint, en milieu carcéral, sept fois le taux de la population générale. Ce taux extrêmement important a généré de multiples réflexions. Les PRAPS (programmes régionaux d'accès à la prévention et aux soins) s'en sont occupés, l'administration pénitentiaire a créé des cellules de réflexion, a mis en œuvre une politique de prévention qui a été largement diffusée, installant des équipes spécialisées, en postes fixes, dans les lieux repérés comme étant particulièrement suicidogènes : la "case arrivée" ; la mise au quartier disciplinaire ».

À partir de cette citation, expliquez les raisons qui poussent les détenus à se suicider.

Corrigé

Vivre en prison c'est vivre dans des locaux inadaptés. En effet on sait qu'une centaine de prisons ont été construites avant 1920, (dont 23 avant 1830) et ces vieux locaux sont souvent insalubres. Les détenus vivent à plusieurs dans une même cellule (70 % des détenus vivent à plusieurs dans une cellule de 2,34 pour 9 m^2). Cette promiscuité importante est due à la surpopulation pénitentiaire, qui atteint des niveaux alarmants surtout dans les maisons d'arrêt. Cela entraîne une absence totale d'intimité qui est génératrice de stress.

L'agressivité est présente en prison. En fonction du délit ou du crime qui les mène derrière les barreaux, les prisonniers peuvent être mis à l'index (par exemple, les violeurs d'enfants). Des témoignages de libérés expliquent qu'à l'intérieur des prisons règne la loi du plus fort, et les condamnés à des peines longues se livrent à divers trafics (drogue, cigarettes, etc.), à du racket sur les plus faibles, exercent des violences sexuelles.

Mais des relations agressives s'installent aussi entre les détenus et le personnel, et l'on assiste à des provocations de toutes sortes.

La vie carcérale ne présente pas forcément d'activités variées qui permettent aux détenus d'échapper aux pensées négatives et morbides qui les habitent.

Pour les condamnés, les perspectives de sortie peuvent être angoissantes. Ils vont devoir retourner dans une société qui ne leur donne pas une place. Ils vont se trouver confrontés à des problèmes d'intégration sociale et professionnelle, et à la construction d'un avenir très incertain.

Une étude du ministère de la Santé et des Affaires sociales montre qu'une personne incarcérée sur deux souffre de troubles psychiatriques, et qu'une sur cinq était déjà suivie auparavant par un service psychiatrique. Les prisonniers, sous des aspects de « gros durs », sont en fait majoritairement très fragiles psychologiquement et ne trouvent des forces qu'en ayant recours à des toxiques (alcool, drogue) pour faire face à leurs difficultés personnelles. Privés de toxiques, ils subissent un sevrage parfois brutal, déclencheur de troubles physiques et d'angoisses. Séparés de leur compagne, de leur famille, de leurs amis, les détenus sont confrontés à une misère sexuelle et affective, d'autant que les visites qu'ils peuvent avoir se passent en parloirs collectifs ou individuels mais toujours en présence d'un surveillant. Les sentiments de culpabilité, de remords, le sentiment de rater sa vie, tous ces éléments anxiogènes font le lit d'un état dépressif morbide qui peut les pousser à passer à l'acte.

En conclusion, La population carcérale est une population fragile, qui se trouve confrontée à des conditions de détention difficiles, avec des perspectives de réinsertion aléatoires (d'ailleurs plus de 35 % des détenus récidivent) et l'on comprend facilement qu'on assiste à un nombre croissant de tentatives de suicide (plus de 100/an) mais également de suicides. Il est donc nécessaire d'améliorer les conditions de détention, tant au niveau des locaux que du suivi médical, la construction d'un projet de réinsertion pour les futurs libérés. Et enfin, la vigilance devrait être accrue (les intentions de suicide sont toujours présentes avant le passage à l'acte) tout au long de la détention et à certaines périodes clés comme : les quinze premiers jours, les six premiers mois et avant la sortie.

QCM d'entraînement

Pour certaines questions, il est possible de cocher plusieurs réponses.

① La déclaration de Rio de Janeiro de 1992 a pour objet :

☐ la santé dans le monde
☐ la lutte contre l'immigration clandestine
☐ l'environnement et le développement durable

② La COP24 aura lieu fin 2018 à Katowice, dans le sud de la Pologne. Où s'est déroulée la COP 23 ?

☐ Aux îles Fidji
☐ À Bonn
☐ À Marrakech

③ Chaque année, combien d'enfants meurent du fait d'un manque d'eau potable ?

☐ 2,1 millions
☐ 4,5 millions
☐ 1,7 million

④ Le RSA est versé aux personnes sans emploi et sans revenus.

☐ Vrai
☐ Faux

⑤ 24,6 % des jeunes étaient au chômage en 2016.

☐ Vrai
☐ Faux

⑥ Les bénéficiaires du RSA sont 1,8 million.

☐ Vrai
☐ Faux

⑦ Le RSA a remplacé le RMI en :

☐ 1998
☐ 2009

⑧ Celui qui est à l'origine du RSA est :

☐ Martin Hirsch
☐ Bernard Kouchner

⑨ Le sigle PUMA signifie :

☐ Protectorat unique de la maladie
☐ Protection universelle maladie
☐ Parrainage unitaire des malades

⑩ Tout assuré peut bénéficier de la CMU-C.

☐ Vrai
☐ Faux

⑪ La branche vieillesse de la Sécurité sociale a été créée en :

☐ 1935
☐ 1945
☐ 1955

⑫ Le système des retraites repose sur un système de :

☐ participation
☐ répartition
☐ contribution

⑬ La mise en place du compte personnel et pénibilité du travail date de 2015.

☐ Vrai
☐ Faux

⑭ Le code pénal considère le viol comme :

☐ un crime
☐ un délit

⑮ Une femme victime de violences peut s'informer en appelant le :

☐ 3919
☐ 3977

⑯ Le plan de lutte contre le harcèlement dans les transports date de :

☐ 2013
☐ 2014
☐ 2015

⑰ L'infanticide est un homicide.

☐ Vrai
☐ Faux

⑱ Les mineurs délinquants peuvent être incarcérés.
- ☐ Vrai
- ☐ Faux

⑲ Dans une conduite ordalique :
- ☐ le dommage est prévu mais non désiré
- ☐ le danger n'est ni prévu ni désiré
- ☐ le danger est prévu et désiré

⑳ L'anomie est :
- ☐ une dégradation des normes sociales
- ☐ un trouble du langage

㉑ La loi Urvoas du 3 juin 2016 renforce la lutte contre :
- ☐ les crimes
- ☐ le crime organisé en bande
- ☐ le terrorisme

㉒ En France, les établissements pénitentiaires sont au nombre de :
- ☐ 187
- ☐ 87

㉓ La majorité des détenus sont des hommes.
- ☐ Vrai
- ☐ Faux

㉔ En moyenne, tous les 3 à 4 jours, il y a un suicide en prison.
- ☐ Vrai
- ☐ Faux

㉕ Le taux de surpopulation carcérale est de :
- ☐ 108 %
- ☐ 115 %
- ☐ 118 %

Correction

① La déclaration de Rio de Janeiro de 1992 a pour objet l'environnement et le développement durable.

② La COP 23 a été organisée par les îles Fidji, mais a eu lieu à Bonn. C'est la COP22 qui a eu lieu à Marrakech.

③ Chaque année, 1,7 million d'enfants meurent du fait d'un manque d'eau potable.

④ Vrai. Le RSA est versé aux personnes sans emploi et sans autres sources de revenus (revenus fonciers, conjoint...).

⑤ Vrai. 24,6 % des jeunes sont au chômage en 2016.

⑥ Vrai. Les bénéficiaires du RSA sont 1,8 million.

⑦ Le RSA a remplacé le RMI en 2009.

⑧ Celui qui est à l'origine du RSA est Martin Hirsch.

⑨ Le sigle PUMA signifie protection universelle maladie.

⑩ Faux.

⑪ La branche vieillesse de la Sécurité sociale a été créée en 1945.

⑫ Le système des retraites repose sur un système de répartition.

⑬ Vrai. Le compte personnel et pénibilité du travail est entré en vigueur en 2015.

⑭ Le code pénal considère le viol comme un crime.

⑮ Une femme victime de violences peut appeler pour s'informer au 3919, ou au 3977 si elle est âgée ou handicapée.

⑯ Le plan de lutte contre le harcèlement dans les transports date de 2015.

⑰ Vrai. L'infanticide est un homicide.

⑱ Vrai. Les mineurs délinquants peuvent être incarcérés.

⑲ Dans une conduite ordalique, le dommage est prévu mais non désiré. Si le danger n'est ni prévu ni désiré, c'est l'accident. Si le danger est prévu et désiré, c'est le suicide (ou une conduite suicidaire).

⑳ L'anomie est une dégradation des normes sociales et un trouble du langage.

㉑ La loi Urvoas du 3 juin 2016 renforce la lutte contre le crime organisé en bande et le terrorisme.

㉒ En France, les établissements pénitentiaires sont au nombre de 187.

㉓ Vrai. La majorité des détenus sont des hommes.

㉔ Vrai. En moyenne, tous les 3 à 4 jours, il y a un suicide en prison.

㉕ Le taux de surpopulation carcérale est de 118 %.

Auto-évaluation du QCM de culture générale

Reportez le résultat de vos réponses et comptez un point par bonne réponse.

<table>
<tr><td rowspan="7">Culture générale</td><th>Questions 1, 2, 3, 4, 5</th><th>Questions 6, 7, 8, 9, 10</th><th>Questions 11, 12, 13, 14, 15, 16, 17</th><th>Questions 18, 19, 20, 21, 22, 23, 24, 25</th></tr>
<tr><td>… /5</td><td>… /5</td><td>… /7</td><td>… /8</td></tr>
<tr><td colspan="4">Vous avez moins de la moitié des réponses bonnes, vous devez travailler les fiches suivantes :</td></tr>
<tr><td>Fiches 1, 2</td><td>Fiches 3, 4</td><td>Fiches 5, 6, 7</td><td>Fiches 8, 9, 10</td></tr>
<tr><td colspan="4">Vous avez plus de la moitié des réponses bonnes, poursuivez ! Relisez bien les fiches et renforcez vos connaissances en vous entraînant.</td></tr>
<tr><td colspan="4">Vous n'avez que des bonnes réponses ! Bravo, vous avez bien intégré les connaissances de base pour réussir la partie écrite et le sujet de l'oral du concours, mais continuez à vous entraîner régulièrement et à suivre l'actualité.</td></tr>
</table>

PARTIE 3

Le système de santé et l'éthique

FICHE 1 L'accès aux soins

Le système de soins français, est réputé pour permettre l'accès aux soins de tous les citoyens.
Le droit à la protection de la santé est reconnu par le préambule de la Constitution de 1946.

La loi du 26 janvier 2016 de modernisation de notre système de santé
« Ce texte garantit l'accès de tous à des soins de qualité. C'est une loi contre l'immobilisme et la résignation. C'est une loi qui offre à chacun les mêmes droits, les mêmes chances, pour vivre le plus longtemps possible en bonne santé », résume Marisol Touraine.

1. Priorité à la prévention

Notre système de santé doit tout faire pour éviter qu'apparaisse la maladie, et pour cela s'attaquer aux principaux risques pour la santé : tabac, alcool, obésité, diabète.

Désignation d'un médecin traitant pour les enfants

Cette mesure réaffirme le rôle du médecin traitant, elle a pour but de mieux prévenir l'obésité, les troubles d'apprentissage et l'usage des drogues.

Amélioration de l'information nutritionnelle

La prévention nutritionnelle permettra :
- la réduction de 20 % du risque d'accidents vasculaires (consommation de sel) ;
- la limitation d'un tiers des cancers les plus fréquents ;
- la limitation de l'obésité chez les enfants.

La protection des jeunes par rapport à l'alcool

La lutte active contre le tabagisme (paquets neutres, interdiction de fumer en voiture en présence d'enfants, remboursement du sevrage)

Favoriser des stratégies innovantes

- Des tests rapides d'orientation diagnostique (TROD) et des autotests de dépistage des maladies sexuellement transmissibles sont développés.
- Des « salles de consommation à moindre risque » pour les usagers de drogues sont expérimentées.

- La lutte contre la valorisation de la minceur excessive avec l'interdiction d'exercer l'activité de mannequin à toute personne dont l'indice de masse corporelle est inférieur à un certain seuil.
- Afin de réduire le risque d'exposition aux rayons UV, l'usage des appareils de bronzage est plus strictement encadré et la prévention de ce risque est renforcée.
- L'éducation à la santé auprès des jeunes sera renforcée également.
- L'accès à l'interruption volontaire de grossesse est amélioré (suppression du délai de réflexion de sept jours).

2. Facilitation de la santé au quotidien

- La généralisation du tiers-payant à tous les Français est effective depuis le 30 novembre 2017. Les personnes n'ont plus à payer la part de l'assurance maladie, qui est versée directement aux professionnels de santé.

Ainsi les soins ne seront plus différés pour des raisons financières.

- Les professionnels de santé pourront en plus proposer le tiers-payant pour la partie remboursée par les complémentaires santé. Celles-ci auront l'obligation de le proposer aux assurés dans le cadre des contrats responsables.
- Pour les plus précaires, les tarifs sociaux pourront s'étendre aux lunettes, prothèses auditives, et soins dentaires.
- La création d'un numéro national unique pour la mise en relation des patients avec un médecin de garde.
- La création d'un service public d'information en santé pour une meilleure orientation de chacun dans le système de soins.

3. Un système de santé recentré sur les soins de proximité

Le parcours de santé placera le patient au centre du système de prise en charge. Ce ne doit plus être au patient de s'adapter au système, mais au système de s'organiser pour répondre à ses besoins.

- Des « communautés professionnelles territoriales de santé » piloteront des projets médicaux de territoires pour faciliter et mieux organiser les parcours des patients.
- Pour aider les professionnels, des plateformes territoriales d'appui devront être conçues.
- Le dossier médical partagé est relancé. Ce DMP sera librement accessible par le patient, à tout moment.

- Le développement des parcours conduira à une évolution progressive et négociée des modes de rémunération des professionnels.
- Le service public hospitalier doit remplir certaines obligations comme l'absence de dépassement d'honoraire, la permanence de l'accueil et l'égalité d'accès aux soins. Il rend obligatoires les groupements hospitaliers de territoires.
- Les progrès scientifiques et technologiques révolutionnent les soins au quotidien. Faire le pari de l'innovation, c'est :

– garantir un écosystème favorable à l'innovation. Les délais concernant les essais cliniques vont dès à présent passer de 18 à 2 mois. La loi généralise le dispositif de la convention unique à l'ensemble des catégories d'établissements de santé ;
– faire évoluer les métiers de la santé.

4. Faire progresser les droits des patients

- **Le droit à l'oubli pour les anciens malades :** les anciens malades du cancer n'auront plus à le déclarer, 10 après l'arrêt de leur traitement, pour emprunter ou s'assurer. Ce délai est ramené à 5 ans pour les mineurs ayant souffert d'un cancer.
- Les citoyens pourront se défendre collectivement face à certains préjudices subis dans le domaine sanitaire en instaurant l'action de groupe en santé.
- La lutte contre les refus de soins se poursuivra en confiant explicitement cette mission aux ordres professionnels et en assurant la participation des associations de patients aux observatoires.
- L'interdiction des soins de conservation post-mortem pour les personnes porteuses du VIH est supprimée.
- Le principe de non-discrimination envers les homosexuels pour le don du sang est affirmé.
- La relation du patient avec le système de santé sera simplifiée, en commençant par instaurer les mêmes droits pour tous. Le concubin ou le partenaire de PACS d'une personne décédée pourra avoir accès à son dossier médical.

Entraînement

Comment expliquer la persistance d'inégalités dans l'accès aux soins, malgré des mesures prises comme la PUMA ?

Corrigé

La problématique « précarité et santé » fait l'objet de débats réguliers, car les inégalités d'accès aux soins persistent et se creusent entre les différents groupes sociaux, malgré la création de la PUMA (protection universelle maladie).

Tout d'abord, certaines personnes en situation sociale difficile éprouvent des difficultés à faire valoir leurs droits, soit parce qu'elles ne répondent pas aux critères d'attribution, ou parce que les démarches rebutent les plus marginalisés (il faut fournir des documents qu'ils ont perdus, par exemple).

La PUMA est attribuée à toute personne pour la prise en charge de la partie Sécurité sociale mais, pour la couverture CMU complémentaire, demeurent des critères de ressources. Le dépassement du plafond fixé d'un euro ne permettra pas d'en bénéficier.

Il existe aussi toute une liste de soins qui sont mal pris en charge comme les soins dentaires, les lunettes. Les personnes vont retarder les soins ou ne pas les faire exécuter par manque de moyens financiers.

Certains malades n'osent pas franchir la porte des centres de soins gratuits ou pratiquant le tiers-payant, car c'est avouer (de manière détournée) qu'ils n'ont pas les moyens de se soigner, qu'ils sont « pauvres ».

L'accès aux soins peut être compliqué pour une personne habitant loin d'un centre de soins, cela génère des frais de déplacement, la perte d'heures de travail, des frais d'hébergement pour l'accompagnant quand il y a hospitalisation (fermeture des hôpitaux de proximité et désertification de certaines régions : pas de médecin).

Les préoccupations au niveau de la santé sont mises de côté par les personnes en difficulté sociale car la priorité est donnée à d'autres comme le logement, la nourriture. Du coup, la personne se dit « ça va passer » ou bien va avoir recours à des remèdes, une automédication, qui sera moins coûteuse à court terme, mais risquée pour sa santé à long terme.

Enfin, les personnes pauvres ou marginalisées vivent dans de mauvaises conditions (logement insalubre, nourriture peu variée, carencée), qui engendrent des problèmes de santé, et elles sont les premières à ne pouvoir accéder aux soins de manière satisfaisante.

Il n'est donc pas étonnant que perdurent les inégalités dans l'accès aux soins, malgré des mesures prises comme la PUMA.

FICHE 2 La réforme du système hospitalier

Les institutions hospitalières sont créées dès le IVe et le Ve siècles par le clergé. À la révolution en 1796, les hôpitaux sont municipalisés, et c'est en 1941 qu'ils sont étatisés. L'État va alors s'efforcer d'adapter les services hospitaliers aux réalités des progrès des techniques médicales et les impératifs liés aux dépenses de santé. Les réformes hospitalières vont alors se succéder.

La réforme hospitalière de 2009 Hôpital Patients, Santé et Territoire (HPST) a modifié l'organisation du personnel hospitalier. Marisol Touraine, ministre de la Santé, s'engage alors vis-à-vis des personnels hospitaliers inquiets, concernant la perte de sens du service public et la remise en cause de la prise en charge médicale, par la mise en place du Pacte de confiance pour l'hôpital (2012).
Les nouvelles missions de l'hôpital public vont s'inscrire dans la **Stratégie nationale de santé** qui a pour but de réorganiser le système de santé centré autour du patient. Elles seront redéfinies en partie dans la **loi du 26 janvier 2016 de modernisation de notre système de santé.**

FICHE 2

1. Les détails du Pacte de confiance Hôpital (2012)

Il se compose de **quatre chapitres** qui visent à répondre aux problèmes.

Définir un service public territorial avec la réaffirmation dans la loi de la notion de service public de l'hôpital

- Précision de la notion de service public hospitalier et définition des acteurs, de leurs missions, leurs droits et leurs obligations.

Adapter le financement de l'hôpital

- Un comité précisera la tarification hospitalière.
- Les agences régionales de santé (ARS) élaboreront des schémas régionaux d'investissement.
- Le programme **Hôpital numérique** sera poursuivi par le lancement du programme **Territoire de soins numérique.**

Renforcer la démocratie à l'hôpital

- Les commissions médicales d'établissement seront renforcées.

- L'organisation en pôles d'activités a été évaluée dans le rapport du 19 mars 2014, proposant 18 mesures d'amélioration.
- Création d'un comité technique des usagers dans chaque établissement.

Rénover le dialogue social

- Engagement d'une concertation avec les organisations syndicales aux échelons locaux et nationaux.
- Les agences régionales de santé vont devoir formaliser un volet ressources humaines, en appui de leur projet régional de santé.
- Les contrats locaux d'amélioration des conditions de travail vont être relancés.
- Les missions des comités d'hygiène, de sécurité et des conditions de travail (CHSCT) seront élargies, et une section médicale va être créée.
- Création d'un observatoire national du dialogue social.

2. La loi de modernisation du système de santé de 2016

Cette loi reprend certains aspects du projet du pacte de confiance, et dans le volet innovation sont prévues :

- **La réaffirmation de la notion de service public de l'hôpital.** Le service public hospitalier doit assurer des soins sans dépassement d'honoraire, la permanence de l'accueil et l'égalité d'accès aux soins.

- **La création de groupements hospitaliers de territoire** ayant un projet médical commun, un partage de leurs missions ou de leurs fonctions support.

- **L'instauration d'un service territorial de santé au public.**

- **La relance du dossier médical partagé**, accessible par le patient, et la remise d'une lettre de liaison pour chaque patient à la sortie de l'hôpital.

- La modernisation du système de soins **par les projets Territoire de soins numérique**.

3. Stratégie de transformation du système de santé 2018

Le 13 février, Édouard Philippe, Premier ministre, accompagné de la ministre de la Santé Agnès Buzyn, a annoncé le lancement prochain d'une nouvelle réforme « globale, cohérente, méthodique » de l'ensemble du système de santé. Ce plan prévoit cinq grands chantiers pour sortir d'un système de santé « cloisonné » et fondé sur une tarification à l'acte qui pousse à la « course aux volumes » :

- Mettre la qualité et la pertinence des soins au cœur des organisations et des pratiques.
- Repenser les modes de rémunération, de financement et de régulation.
- Accélérer le virage numérique en santé.
- Adapter les formations et les ressources humaines aux enjeux du système de santé.
- Repenser l'organisation territoriale des soins.

Entraînement

❶ Le gouvernement accélère les fermetures, les regroupements d'établissements hospitaliers. Cette disparition des hôpitaux et services de proximité a-t-elle des répercussions sur la prise en charge des patients ?

❷ Face aux différentes réformes et plans concernant les hôpitaux, quelles sont d'après vous les inquiétudes du personnel de santé ?

Corrigé

FICHE 2

❶ Toute la France est concernée par les fermetures et les regroupements d'établissements. Cette réforme de la « carte hospitalière » aura des répercussions négatives et positives au niveau de la prise en charge des patients.

Les répercussions négatives

La fermeture de services ou de petits hôpitaux comme les maternités modifie l'accès des patients à ces services. Dorénavant le patient doit s'adresser à son médecin en priorité ou aux services de garde, puis si et seulement si il y a nécessité, le médecin oriente vers l'hôpital ou vers le pôle de soins compétent.

Les régions les moins peuplées vont devenir des déserts sanitaires. Le coût des soins, des transports, de l'hébergement vont grever les budgets des familles, et cela va accroître les inégalités. Sachant que la population vieillissante a des difficultés pour se déplacer et qu'elle aura besoin de soins, on peut craindre une morbidité et une mortalité accrues.

Retarder la prise en charge des patients peut les mettre en danger. La presse relate régulièrement l'accouchement des femmes se rendant à la maternité à plus de 40 kilomètres de chez elles. En cas d'accouchement compliqué les conséquences peuvent être dramatiques pour l'enfant et la mère.

Le coût des hospitalisations (forfait hospitalier, franchises, dépassements d'honoraires, déremboursement de médicaments) pèse lourd dans le budget du patient.

Le personnel subit des suppressions de postes, il est obligé de rejoindre de grands hôpitaux déshumanisés où il soigne des bras, des cœurs, et ou le rapport malade-soignant est réduit. Avec des conditions de travail dégradées (pression de la hiérarchie, charge de travail excessive, manque de personnel) les risques d'erreur peuvent se multiplier au détriment des patients (prendre les exemples de l'actualité : erreur de dosage des médicaments, matériel non adapté pour des enfants, etc.).

Les répercussions positives

La suppression de petits services ou structures permet de créer des pôles de compétences (pôle cardiologie, hôpital de référence pour les maladies orphelines, etc.) ce qui donne pour les patients l'assurance d'avoir en face d'eux des spécialistes et du personnel très compétent.
Le regroupement permet d'avoir du matériel performant, d'avoir une gestion rationnelle du service, du personnel.
Les pôles de compétences favorisent la recherche, l'expérimentation et leur aboutissement plus rapide pour l'avancée des connaissances et des traitements.
Des liens entre pôles de compétences pourront se créer pour des échanges fructueux, tant pour le personnel que pour le bien des malades.
L'organisation du paysage médical reposant sur le médecin généraliste qui oriente vers l'hôpital en cas de nécessité permet de recentrer l'activité de l'hôpital sur les cas les plus graves et évite l'encombrement des urgences pour des « bobos » ou un rhume.
Les régions auront des réponses plus adaptées aux besoins des populations.
Bien que l'intérêt économique prédomine dans les fermetures ou les regroupements d'établissements hospitaliers, cela peut produire aussi des effets positifs pour les malades.

❷ Face aux différentes réformes et plans concernant les hôpitaux, le personnel de santé exprime des inquiétudes quant à ses conditions de travail mais aussi sur la prise en charge des patients.
En premier lieu, c'est la suppression des emplois, avec une dégradation des conditions de travail, qui est redoutée.
La deuxième inquiétude concerne la dégradation de l'outil de travail.
En troisième lieu, les professionnels de santé évoquent les mauvaises conditions d'accueil des patients.
Enfin, le personnel de santé craint une dégradation globale de la prise en charge des problèmes de santé en France.

FICHE 3 La profession d'aide-soignant

L'aide-soignant exerce au plus près des personnes malades :
- en assurant l'hygiène et le confort du patient;
- en apportant son soutien aux personnes dépendantes pour toutes les tâches de la vie quotidienne.

1. Descriptif des tâches

Par son relationnel et ses compétences professionnelles et sous la responsabilité de l'infirmier, l'aide-soignant :
- effectue la toilette et les soins annexes;
- aide la personne à manger;
- veille à la prise des médicaments;
- aide les personnes à se déplacer;
- aide au transport des personnes;
- remplit des **tâches déléguées** par et sous la responsabilité des infirmiers;
- transmet ses observations du patient (douleur, apathie…);
- veille au respect du malade par le secret professionnel auquel il est soumis.

2. Intérêts et contraintes

- C'est un métier qui présente l'avantage de pouvoir s'exercer dans différentes structures : hôpital, clinique, maison de retraite, service de soins à domicile, établissement de rééducation, centre pour personnes handicapées.
- C'est une formation qui ouvre la porte à des passerelles : auxiliaire de puériculture, infirmier.
- Le métier peut s'exercer auprès de populations différentes (des enfants, des adultes) ou en privilégiant dans le travail soit le dynamisme (service de court séjour) soit l'accompagnement de patients sur un temps plus long (service de long séjour). L'aide-soignant peut aussi se spécialiser par rapport à des pathologies (service d'ophtalmologie, service d'orthopédie, etc.), ou la relation (maison de retraite, service de soins palliatifs).
- L'exercice de la profession permet à la fois un travail responsable, autonome, des tâches individuelles et un travail d'équipe.
- Par contre, l'aide-soignant a un métier éprouvant physiquement : les horaires peuvent varier, travail de nuit ou en décalé.
- C'est également un métier éprouvant psychologiquement : il ne faut pas commettre d'erreur, ou se tromper de patient (patient sans repas, avec un régime). Il faut supporter les patients qui peuvent être désagréables, les familles

angoissées ou exigeantes. Être confronté au handicap, à la mort des patients, aux pleurs des familles, autant de situations qui, répétées, peuvent entamer le moral.

- Le manque de moyens, de personnel, de reconnaissance, des salaires peu élevés, la surcharge de travail sont autant de thèmes de revendications des aides-soignants en poste.

3. Les représentants des aides-soignants

Plusieurs associations ou groupes existent.

Fédération nationale des associations d'aides-soignants (FNAAS)

L'adhésion à cette association offre une protection juridique professionnelle. La FNAAS édite également un journal. Elle est membre du Haut Conseil des professions paramédicales (HCPP) et s'entretient également avec le Secrétariat d'État à la Santé sur ses projets.

Union française des aides-soignants (UFAS)

L'adhésion à cette association offre une protection juridique professionnelle. L'UFAS édite également un journal. Membre du HCPP, elle a pour objectifs de promouvoir la profession, d'organiser des actions de formation continue, de s'engager dans des groupes de réflexion tant en France qu'à l'étranger et de réaliser des actions de solidarité en France et à l'international.

Groupement d'études, de recherche et d'action pour la formation d'aides-soignants (GERACFAS)

Cette association regroupe les instituts de formation d'aides-soignants, et travaille sur l'évolution de la fonction.

Entraînement

1. Quels sont à votre avis les inconvénients du métier d'aide-soignant ?

2. On estime qu'un aide-soignant doit posséder des qualités physiques, psychologiques et relationnelles. Pourquoi ? (Un élément de réponse est attendu pour chaque qualité.)

Corrigé

❶ La profession d'aide-soignant traverse une crise, liée aux réformes hospitalières. S'engager dans cette profession nécessite de bien en connaître les contraintes et les inconvénients, inhérents aux politiques de santé.

Le problème majeur semble être le manque de personnel. En France, les aides-soignants assument leurs fonctions, mais sont insatisfaits : ils ne consacrent pas autant de temps qu'ils le souhaiteraient auprès des patients, des familles, à bien former les élèves, à respecter les consignes d'hygiène (le nombre de maladies nosocomiales baisserait si le personnel prenait le temps de bien se laver les mains). Travailler dans ces conditions est source de stress, de fatigue (concentration pour ne pas faire d'erreur, répondre aux différentes sollicitations des patients : l'un a besoin d'un bassin, l'autre d'écoute, etc.). Le passage aux 35 heures, sans embauche de personnel supplémentaire, n'a pas simplifié les plannings : il faut jongler entre les repos des uns (compensatoires ou liés à la réduction du temps de travail, aux vacances) et les congés des autres (pour maladie, maternité, parentaux, d'éducation…). La vie familiale peut se trouver perturbée (garde des enfants, congés décalés par rapport à ceux des enfants, au conjoint, etc.).

Enfin, les professionnels éprouvent un sentiment de non-reconnaissance de leur travail, et les salaires ne sont pas proportionnels à leur charge de travail.

La politique de santé inquiète les professionnels, contraints d'exercer dans des conditions matérielles de plus en plus précaires (manque de matériel, locaux vétustes, manque de lits pour accueillir les patients) ; il suffit de se souvenir du problème récurrent des urgences avec la mise en place du Plan blanc et gestion de crise (circulaire du 14 juin 2006). D'autres craintes concernent une médecine à deux vitesses, où les professionnels se trouvent pris dans une logique économique et non dans celle d'un accès aux soins pour tous dans les meilleures conditions.

Les inconvénients du métier ne doivent pas faire oublier ses aspects positifs et gratifiants, liés aux contacts privilégiés avec les patients et leur famille.

❷ L'exercice de la profession d'aide-soignant requiert non seulement un savoir, des compétences, mais également des qualités physiques, psychologiques et relationnelles. Ces qualités sont indispensables pour assumer la pratique quotidienne des soins et les contraintes liées à ce métier.

L'aide-soignant doit posséder des qualités physiques. En effet, son travail s'effectue debout, nécessite de nombreux déplacements (de chambre en chambre, accompagnement des malades à des examens…). La mobilisation des patients comme le transfert du lit au fauteuil demande une énergie importante. Le rythme biologique de l'aide-soignant doit pouvoir s'adapter à l'alternance du travail de nuit puis de jour, aux horaires décalés.

Les qualités psychologiques permettent d'assumer la confrontation quotidienne à la souffrance, à la maladie et parfois à la mort. Il faut faire face au stress, aux situations d'urgence qui nécessitent du sang-froid. Il faut savoir maîtriser ses émotions devant un patient ou sa

famille. L'aide-soignant doit être capable de s'adapter au travail d'équipe et d'en supporter parfois les dysfonctionnements, ou les conflits. Il est donc important de faire preuve de maturité psychique afin de prendre des décisions rapides et efficaces.
Les capacités relationnelles quant à elles favorisent l'écoute du message verbal et non verbal de la personne hospitalisée, ce qui est très important, car il est indispensable d'appréhender le malade dans sa globalité. Pour répondre à ses questions et ses angoisses, le professionnel doit développer des aptitudes d'écoute et de diplomatie.
Le métier d'aide-soignant est un choix professionnel qui doit se faire de manière volontaire et en connaissant bien les contraintes de celui-ci. C'est un engagement qui nécessite une implication physique, psychique et relationnelle très importante, mais qui en retour apporte de nombreuses satisfactions.

FICHE 4

La profession d'auxiliaire de puériculture

L'auxiliaire de puériculture a des actions qui visent le bien-être, l'autonomie et le développement des enfants dont elle s'occupe.

1. Descriptif des tâches

Le travail de l'auxiliaire de puériculture varie en fonction de l'âge, du degré d'autonomie des enfants et du secteur d'activité.

- Les **soins de nursing** : biberon, change, toilette, habillage/déshabillage, qui sont des moments privilégiés avec l'enfant.
- **Au niveau de la santé** : elle contrôle les paramètres vitaux et administre les traitements sous la responsabilité de l'infirmier.
- Les **activités d'éveil** : elles seront proposées pour distraire l'enfant, favoriser ses acquisitions, développer ses compétences, acquérir de l'autonomie.
- L'**observation** permet d'avoir des réponses adaptées aux besoins des enfants.
- Des **tâches administratives :** l'auxiliaire est tenue de tenir à jour le dossier de l'enfant, de rédiger des transmissions écrites pour l'ensemble de l'équipe.
- Des **tâches d'entretien :** elle veille au nettoyage de l'environnement (lits, jeux, tapis…).

2. Intérêts et contraintes

- C'est un métier qui présente l'avantage de pouvoir s'exercer dans différentes structures : en milieu hospitalier, en PMI, dans les structures d'accueil de la petite enfance (crèches, haltes-garderies), en maternité, dans des services d'aide sociale à l'enfance ou en pouponnière.
- C'est une formation qui ouvre la porte à des passerelles : aide-soignant, infirmier, éducateur de jeunes enfants.
- Le métier peut s'exercer auprès de populations différentes (des enfants bien-portants ou porteurs de handicap). On peut privilégier dans le travail soit le dynamisme (service de court séjour) soit l'accompagnement de patients sur un temps plus long (crèche, service de long séjour). L'auxiliaire de puériculture peut aussi se spécialiser par rapport à des pathologies (service néonatalogie, service d'orthopédie), ou la relation (pouponnière).
- L'exercice de la profession permet à la fois un travail responsable, autonome, des tâches individuelles et un travail d'équipe.

- L'auxiliaire de puériculture a un métier éprouvant physiquement : les horaires peuvent varier, travail de nuit ou en décalé, portage des enfants et bruit.
- C'est également un métier éprouvant psychologiquement. Il faut supporter les pleurs des petits, les moments de séparation, les angoisses des familles ou leurs exigences. On est confronté au handicap, à ses propres difficultés (attachement, valeurs éducatives). Ce sont autant de situations à répétition qui peuvent entamer le moral.

3. Les représentants des auxiliaires de puériculture

Association nationale des auxiliaires de puériculture (ANAP)

C'est la seule association qui défend la profession. Elle participe aux réunions de travail avec le ministère des Solidarités et de la Santé.

Entraînement

Les grands-parents sont la clé d'une enfance équilibrée.
À quelles réflexions vous conduit cette affirmation ? Argumentez vos propos.

Corrigé

Dans une période où la famille semble en crise, on s'aperçoit que les grands-parents n'ont jamais été aussi présents, disponibles pour leurs enfants et petits-enfants.
Dans une société où, de plus en plus souvent, quatre générations se côtoient, on est loin de l'image de « pépé somnolant dans son fauteuil et mémé préparant les confitures ». Les grands-parents « nouvelle manière » se révèlent.
Tout d'abord, ces grands-parents sont en pleine force de l'âge. Vers 55-60 ans, ils sont encore actifs (avec du temps de travail réduit : 35 heures, temps partiel…) ou en retraite anticipée. Ils accueillent leurs petits-enfants, partagent des jeux, des activités, leur transmettent l'histoire familiale. Les petits-enfants trouvent une oreille attentive, une atmosphère rassurante, un climat de complicité.
Dans les moments difficiles, comme une séparation des parents, la présence des grands-parents peut rassurer l'enfant sur la persistance des liens familiaux, dédramatiser la situation, déculpabiliser l'enfant.

Les sujets qui préoccupent l'enfant mais qu'il n'ose pas aborder avec les parents peuvent trouver une réponse bienveillante. À l'adolescence, quand les conflits avec les parents sont trop aigus, il est agréable de trouver un lieu où l'on peut se poser.
Les grands-parents sont des alliés très importants pour la construction de la personnalité des jeunes tout au long de l'enfance et de l'adolescence, à condition qu'ils sachent appliquer ce qu'énonçait la psychanalyste Françoise Dolto : « L'art d'être grands-parents, c'est être là quand on a besoin de vous, ne pas être là quand on ne vous le demande pas. »

FICHE 5 Le secret professionnel

L'article L. 1110-4 du code de la santé publique indique : « Toute personne prise en charge par un professionnel, un établissement, un réseau de santé ou tout autre organisme participant à la prévention et aux soins a droit au respect de sa vie privée et du secret des informations la concernant. »

1. Le secret médical

- Avec la loi Kouchner de mars 2002, le secret médical **s'impose** aux médecins, ainsi qu'à tous les membres d'une équipe pluridisciplinaire.
- Le secret médical est un **droit** pour le patient, il concerne les informations connues par le professionnel médico-social, mais également tout ce qu'il a vu (exemple : lors d'une visite à domicile), entendu (exemple : confidence du patient), compris (exemple : échanges entre les membres d'une famille), voire interprété (exemple : déduction faite à partir d'une information comme « la personne a des vêtements très usagés », j'en déduis qu'elle vit dans une situation précaire, voire marginale).
- Le patient est donc assuré que tout ce qui le concerne (dossier, conversations, diagnostic, etc.) ne sera pas dévoilé, en dehors de circonstances indiquées par la loi (exemple : sévices sur mineur).
- Si le professionnel révèle des informations, il commet un **délit** punissable par la loi.

2. Le secret professionnel

- Le nouveau code pénal, par l'article 226-13 du 1er mars 1994, défini ainsi le secret professionnel :
« La révélation d'une information à caractère secret par une personne qui en est dépositaire soit par état ou par profession, soit en raison d'une fonction ou d'une mission temporaire, est punie d'un an d'emprisonnement et 150 000 € d'amende. »
- L'objectif du secret professionnel est d'assurer une **relation de confiance** entre un professionnel et un usager. D'ailleurs pour les professionnels exerçant une fonction « sociale » (médecins, avocats et assistants de service social) on peut parler de secret professionnel absolu.

3. Le secret partagé

- Le travail en équipe pluridisciplinaire nécessite d'échanger des informations concernant les usagers.

- Dans le secteur médical, il y a nécessité d'assurer les **soins sans interruption**, et des échanges sont indispensables sur l'état du patient. Ce partage d'informations sera possible sauf en cas d'opposition du malade.
- Donc le secret partagé concerne les informations échangées entre le personnel indispensable aux soins du patient. Le partage du secret est **légitime** dans l'intérêt du patient.
- Se pose également, le problème du secret partagé avec la famille : l'infirmière n'est que « dépositaire du secret », donc il n'y aura que le médecin qui échangera avec la famille avec l'**autorisation** du patient.
- Évidemment, le **code de déontologie**, en cas d'affection grave ou quand le pronostic vital est engagé, autorise le médecin à une révélation du diagnostic à la famille, et peut laisser le malade dans l'ignorance.

4. Les limites du secret professionnel

La violation du secret professionnel

Le non-respect du secret professionnel constitue un délit et peut entraîner des sanctions pénales, civiles et professionnelles.
Le patient peut obtenir réparation du préjudice par des dommages et intérêts.

La dérogation au secret professionnel

Dans certains cas, le dépositaire d'un secret peut le révéler sans sanctions.
Quelques exemples de **déclarations obligatoires** pour les médecins : une naissance, un décès, les maladies contagieuses, un accident du travail, etc.
Quelques exemples de **dérogations permises par la loi** :
- dénonciation des maltraitances sur mineur de moins de 15 ans, ou sur des personnes vulnérables;
- déclaration de sévices laissant présumer des violences sexuelles.

Quelques exemples de **dérogations** qui ont fait l'objet **de jurisprudence** : les expertises médicales, les assurances-vie.

Entraînement

❶ La loi de santé promulguée le 26 janvier 2016 relance le dossier médical personnel et partagé qui sera utilisé par tout un ensemble de professionnels. Pensez-vous que cela puisse poser des problèmes ?
❷ Le respect : qu'est-ce que ce mot vous évoque en tant que futur aide-soignant ?

Corrigé

❶ Le dossier médical personnel est un outil pour responsabiliser les assurés sociaux, et qui doit contribuer à accroître la qualité de la prise en charge médicale car il améliore la connaissance du patient par l'échange des informations.
L'utilisation du dossier médical personnel par tout un ensemble de professionnels de santé : médecins, pharmaciens, etc., pose le délicat problème du secret médical partagé. Le dossier sera lu par différents professionnels et pose le problème de la sécurisation des données. Ce dossier contenant des informations sur les antécédents médicaux, les hospitalisations, les consultations, les résultats d'examens, pose le problème du secret médical.
De plus le dossier est conservé en ligne par un hébergeur de données, ce stockage renvoie aux problèmes d'inviolabilité et de la fiabilité de conservation des informations qui correspondent bien à son propriétaire.
Enfin, le dossier médical personnel appartient au patient, il est facultatif, et il peut bloquer l'accès à son dossier à certains professionnels de santé, cela pose la question de la relation de confiance entre patient et soignant.
La mise en place de ce dossier médical personnel soulève un certain nombre de questions, car cela remet en cause les pratiques médicales mais également les libertés individuelles.

❷ Le respect consiste à considérer le patient dans sa globalité, à lui accorder de l'attention, et à le reconnaître comme un individu digne d'intérêt.
L'éthique est abordée dans la formation d'aide-soignant. Il apprend ainsi à agir avec respect envers le patient, mais également envers son entourage familial (conjoint, famille, ou autre personne qui compte aux yeux du patient).

- Le soignant doit être à **l'écoute** des besoins du patient.
- Une relation de confiance et de communication doit être établie entre le soignant et le patient.
- Pour la réalisation des soins, le soignant doit avoir le consentement du patient.
- Pendant la réalisation des soins, le soignant doit veiller à la pudeur du patient et à la façon dont il répond aux attentes de son patient.
- Le professionnel doit être vigilant pour respecter le secret professionnel.
- Les convictions du patient (religieuses, culturelles, etc.) sont respectables.

L'infirmier se doit de rester professionnel dans toutes les situations, et même d'anticiper des situations problématiques en usant de diplomatie et en influant de manière positive sur le patient ou/et son entourage.
Il est très important d'être à l'écoute des patients et de répondre sur-le-champ, ou en différant légèrement, mais toujours en ayant une explication franche de la situation. Cette attitude est primordiale pour avoir et conserver une relation de confiance constructive pour le malade.

FICHE 6 Les droits des patients

La relation malade/médecin doit être basée sur une relation de confiance qui doit être contractuelle et consentie.

1. La loi du 4 mars 2002 dite « droits des malades »

L'information et le consentement éclairé

Aucun acte médical ni traitement ne peuvent être pratiqués sans le consentement libre et éclairé de la personne.
Le **malade reçoit l'information** sur son état de santé, sur la gravité, l'urgence à démarrer un traitement, les conséquences et les risques prévisibles, afin qu'il prenne la décision de se soigner ou de refuser des soins.

La désignation d'une personne de confiance

La loi donne l'**autorisation au malade** de désigner une personne de son entourage comme « personne de confiance ». Cette personne désignée par écrit peut accompagner le malade à tous les entretiens médicaux et faire connaître ses volontés s'il n'est plus en mesure de les exprimer lui-même.

L'accès au dossier médical

Le malade peut **accéder aux informations** contenues dans son dossier médical selon les conditions prévues par la loi.

2. La loi du 2 février 2016 (Claeys-Leonetti)

Les deux députés ont proposé de faire évoluer la loi du 22 avril 2005, pour accorder de nouveaux droits **en faveur des malades et des personnes en fin de vie.** Le texte comporte 11 articles dont :
- l'affirmation des **droits des malades en fin de vie** et des devoirs des médecins à l'égard de ces patients (art. 1) ;
- la définition d'un **droit à la sédation profonde et continue** à la demande du patient, accompagnant l'arrêt de traitement (art. 3) ;
- l'affirmation du **droit du malade à un refus de traitement**, en rappelant le médecin à ses obligations de suivi du patient par l'application de soins palliatifs (art. 5) ;
- la précision du statut du témoignage de la **personne de confiance** (art. 9) ;
- la redéfinition des modes d'expression de la **volonté du patient** (art. 10).

La loi ne légalise pas l'euthanasie.

Entraînement

❶ Selon vous, quelles sont les conséquences que peut avoir l'accès direct du patient à son dossier médical ?

❷ Commentez : « Le patient est acteur de sa propre santé et participe aux décisions le concernant ».

Corrigé

❶ Information, dialogue, transparence sont autant de mesures préventives et rassurantes à l'égard du malade. Les dossiers remis à l'entrée de tout établissement hospitalier sont de nature à fixer un cadre – plutôt rassurant – auprès du patient. Ce document, outre la présentation de l'établissement et de son règlement intérieur, expose les droits du malade.
Quant au « dossier médical » (propre à l'hospitalisation et sans rapport avec le carnet de santé), chaque patient peut le consulter sans la présence de son médecin. Il compile examens, diagnostics, radios, prescriptions et peut être consulté gratuitement sur place (ou par correspondance, avec frais).
La libre communication médicale est donc devenue essentielle – surtout si les termes techniques médicaux sont abordables par chacun. Cependant, la lecture du dossier médical demande vraisemblablement à être explicitée et commentée par un professionnel pour une meilleure appréhension.
On assiste, actuellement, à la multiplication de procès en matière de soins médicaux. Ceux-ci sont de nature à mettre en doute compétences et disponibilité des personnels considérés qui, outre une couverture d'assurance professionnelle très onéreuse se voient parfois, de façon injustifiée, mis en accusation. De ce fait, il y a une désaffection pour certaines spécialités médicales (anesthésie en particulier) qui est peut-être une conséquence de cette disposition.

❷ « Le patient est acteur de sa propre santé et participe aux décisions le concernant. »
Autrefois, le malade consultait le médecin et se soumettait à l'avis de celui qui détenait le savoir. Aujourd'hui le patient vient consulter, mais il a des connaissances grâce aux médias (télévision, magazines, Internet).
Actuellement le patient est le détenteur d'un capital santé qu'il va gérer. Il va voir le médecin même s'il n'est pas malade à titre préventif : pour des vaccinations, pour un certificat médical pour faire du sport. C'est le patient qui décide et le médecin ne fait que l'accompagner.
Le patient choisit son médecin, il peut donc passer de médecin en médecin s'il le souhaite, surtout si le médecin ne fait pas ce que souhaite le patient (exemple : un patient souhaite un arrêt maladie).

Face à la maladie, le patient décide des orientations de soins. Le médecin n'est là que pour son savoir médical et pour accompagner le malade.
Le patient est de plus en plus acteur de sa santé puisqu'il va jusqu'à réclamer à son médecin d'arrêter de vivre quand il en a envie (exemples : Vincent Humbert, Chantal Sébire).
Le patient, avec la loi du 4 mars 2002, peut consulter lui-même son dossier médical. Il est donc considéré comme apte à avoir accès à toutes les informations qui le concernent, il n'a plus besoin de passer par son médecin généraliste, comme c'était le cas auparavant quand les médecins communiquaient entre eux, hors présence du patient concerné.
Même si le patient n'est pas en mesure de faire connaître son avis lui-même, il peut le faire en nommant une personne de confiance.
Tous les nouveaux droits du patient vont modifier la relation médecin-malade, et désormais, il appartient au patient de prendre les décisions concernant sa santé.

FICHE 7 La prévention : la vaccination

La 13e semaine européenne de la vaccination s'est déroulée du 23 au 29 avril 2018. Elle était axée sur la vaccination des nourrissons.
Ses objectifs : faire comprendre l'intérêt de la vaccination et améliorer le nombre de personnes vaccinées.

En 1796, le médecin anglais Edward Jenner prélève du pus sur la main d'une fermière infectée par la variole des vaches, suite au contact avec le pis de la vache. Trois mois plus tard, il inocule la variole à l'enfant, qui s'est révélé être immunisé. Depuis la vaccination s'est répandue.

1. Les instances responsables

- La politique de vaccination est élaborée par le ministre de la Santé. Chaque année il rend public le calendrier vaccinal.
- Le calendrier vaccinal est élaboré par le Comité technique des vaccinations (CTV), qui est composé d'experts dans différents domaines (immunologie, épidémiologie, pédiatrie, infectiologie, etc.). Il est ensuite validé par le Haut Conseil de la santé publique (HCSP).
- Le calendrier vaccinal fixe les vaccinations générales en fonction de l'âge et les vaccinations « particulières » en fonction par exemple de l'exposition professionnelle.
- L'Agence natinale de sécurité du médicament et des produits de santé (ANSM) quant à elle garantit la qualité des vaccins et autorise leur mise en vente.
- Les vaccinations liées à des voyages ou des séjours à l'étranger font l'objet d'une publication spécifique dans le Bulletin épidémiologique hebdomadaire (BEH).

2. Les quatre grands types de vaccins

Les vaccins vivants

Ils sont obtenus à partir de bactéries ou de virus vivants dont la virulence a été atténuée.
Les vaccins connus : BCG, fièvre jaune, oreillons, polio oral, rougeole, rubéole.

Les vaccins composés de toxines inactivées (anatoxines)

Parfois, le microbe lui-même produit une substance appelée toxine (responsable des manifestations de la maladie). L'anatoxine s'obtient par modification

chimique, physique de la toxine : elle est rendue non pathogène mais provoque la réaction immunitaire de l'organisme.
Les vaccins connus : diphtérie, tétanos.

Les vaccins à germes tués, inactivés ou inertes

Les microbes sont rendus inactifs (ils ne peuvent plus se multiplier) par des procédés chimiques ou physiques, mais ils peuvent stimuler le système immunitaire.
Les vaccins connus : coqueluche, grippe, polio injectable.

Les vaccins recombinants

Ce sont les derniers conçus par génie génétique.
Les vaccins connus : hépatite B.

3. Le calendrier vaccinal simplifié 2018

Naissance	BCG
2 mois	Diphtérie, tétanos, poliomyélite, coqueluche, Hib (méningite B), hépatite B, infections à pneumocoques
4 mois	Diphtérie, tétanos, poliomyélite, coqueluche, Hib (méningite B), hépatite B, infections à pneumocoques
5 mois	Méningocoque C
11 mois	Diphtérie, tétanos, poliomyélite, coqueluche, Hib (méningite B), hépatite B, infections à pneumocoques
12 mois	Méningocoque C, rougeole, rubéole, oreillons
16-18 mois	rougeole, rubéole, oreillons
6 ans	Diphtérie, tétanos, poliomyélite, coqueluche
11-13 ans	Diphtérie, tétanos, poliomyélite, coqueluche, papillomavirus
14 ans	Papillomavirus
25 ans	Diphtérie, tétanos, poliomyélite, coqueluche
45 ans	Diphtérie, tétanos, poliomyélite
> 65 ans	Diphtérie, tétanos, poliomyélite tous les 10 ans, la grippe tous les ans, zona

Le calendrier vaccinal 2018 est la principale référence pour les bonnes pratiques des professionnels de santé. Il inclut tous les avis du Haut Conseil de la santé publique diffusés depuis l'édition du calendrier précédent.
La principale nouveauté du calendrier vaccinal 2018 est le passage à 11 vaccins obligatoires pour les enfants nés à partir du 1er janvier 2018.

Entraînement

❶ À qui conseillez-vous la vaccination HPV ? Argumentez.

❷ Donnez deux avantages et deux inconvénients de la vaccination.

Corrigé

❶ Le vaccin HPV a été intégré au calendrier vaccinal et conseillé depuis mars 2007.
Les papillomavirus (HPV) sont des virus qui provoquent des infections cutanées et des muqueuses.
Sur la centaine de papillomavirus, une quarantaine sont responsables des infections génitales et parmi eux les types 16 et 18 sont à l'origine de 70 % de cancer du col de l'utérus.
Le départ de l'infection se fait par des microlésions tissulaires dans 80 % des cas au début de l'activité génitale. Il faut donc conseiller aux jeunes filles de 11-14 ans (calendrier vaccinal) et aux jeunes filles de 15 à 23 ans qui n'auraient pas eu de rapports sexuels de se faire vacciner avant le premier rapport ou au plus tard dans l'année suivant le début de leur vie sexuelle.
Avec ce vaccin on optimise la prévention contre le cancer. Les jeunes filles qui se vaccinent se protègent personnellement, mais le bénéfice se fera ressentir au niveau collectif avec normalement une baisse significative du nombre de nouveaux cas de cancers du col de l'utérus. Ce mouvement devrait s'enregistrer d'ici une dizaine d'années.
Cette vaccination préventive sera peut-être difficile à proposer à des jeunes filles pour lesquelles parler de sa future vie sexuelle n'est pas possible pour des raisons culturelles, religieuses, économiques, sociétales.
Enfin on peut imaginer qu'une jeune fille vaccinée se sentira protégée et de ce fait aura des conduites à risque au niveau sexuel.
Pour conclure, ce type de vaccination doit s'accompagner d'une information et d'une éducation globale aux risques liés à la sexualité.

❷ La lutte contre les maladies infectieuses à l'origine d'épidémies qui peuvent se révéler catastrophiques (la grippe espagnole en 1918-1919) passe par une vaccination préventive.
Cette vaccination présente des avantages et des inconvénients :

- L'avantage c'est que la vaccination évite des décès. Associée à l'hygiène, la vaccination fait reculer le risque infectieux, d'ailleurs nous avons réussi à éradiquer la variole.
- En revanche, dans de rares cas heureusement, la vaccination peut déclencher une réaction allergique (certains vaccins sont cultivés sur du blanc d'œuf) de type urticaire géant ou œdème de Quincke.

Dans la préparation des vaccins l'aluminium est utilisé, or l'on sait que l'aluminium est dangereux pour la santé.

FICHE 8 Les maladies nosocomiales

Définitions

Infection : multiplication d'un agent étranger (bactérie, virus, champignon, parasite) qui est entré dans un organisme et produit des lésions pathologiques.
Nosocomial : qualifie une infection contractée à l'hôpital.

D'après le Conseil supérieur d'hygiène publique de France[1] « **une infection est dite nosocomiale si elle était absente à l'admission à l'hôpital**. Lorsque la situation précise à l'admission n'est pas connue, un délai d'au moins **48 heures après l'admission** (ou un délai supérieur à la période d'incubation lorsque celle-ci est connue) est communément accepté pour séparer une infection d'acquisition communautaire d'une infection nosocomiale. Pour les infections de plaie opératoire, on accepte comme nosocomiales les infections survenues dans les 30 jours suivant l'intervention, ou – s'il y a mise en place d'une prothèse ou d'un implant – dans l'année qui suit l'intervention. »

1. Les modes de transmission

L'infection peut être transmise directement au moment des soins (exemple : l'infection sur cathéter) ou indirectement lors de l'hospitalisation (exemple : une épidémie de grippe).
Selon le mode de contamination, on parle d'infection nosocomiale d'origine « endogène » ou « exogène ».

- Quand le malade s'infecte avec ses propres micro-organismes, en raison de son état de fragilité et/ou à la faveur d'un acte invasif, on parle d'infection **endogène**.
- Quand l'infection est transmise au malade soit par un autre malade, soit par les instruments de travail du personnel médical, paramédical, soit par l'environnement hospitalier (eau, air, matériel, alimentation), on parle d'infection **exogène**.

Certains facteurs peuvent favoriser cette situation :
– **au niveau du patient :** l'âge (nouveaux-nés, prématurés, personnes âgées), la pathologie (personnes immunodéprimées, polytraumatisés, les grands brûlés) ;
– **au niveau des traitements :** les antibiotiques qui déséquilibrent la flore des patients et sélectionnent les bactéries résistantes, les traitements immunosuppresseurs ;

1. Citation dans *100 recommandations pour la surveillance et la prévention des infections nosocomiales.*

– **au niveau des soins :** les actes invasifs nécessaires au traitement du patient comme l'utilisation d'une sonde urinaire, la pose d'un cathéter, la ventilation artificielle ou une intervention chirurgicale (plaies opératoires superficielles ou profondes);
– **selon le service :** les services les plus touchés sont la réanimation, la chirurgie et la médecine; les services à moindre risque sont les services de pédiatrie et de psychiatrie.
Les infections nosocomiales peuvent être mortelles (infections pulmonaires, septicémies, marquant la présence de bactéries dans le sang et provoquant une infection étendue et une détérioration de l'état général de l'organisme, etc.).
Par ailleurs, la plupart des infections allongent la durée de séjour et entraînent un surcoût lié au traitement antibiotique.

2. La prévention

- La multiplicité des facteurs à l'origine des infections nosocomiales rend la prévention difficile.
- La vigilance doit porter sur la qualité des soins, la sécurité de l'environnement hospitalier, l'hygiène des mains, le port des gants, etc.

Voici les différents plans de prévention :

1973	C'est la circulaire du 18 octobre 1973 relative à la prévention des infections hospitalières qui suscite la création de « CLI ».
1988	C'est le décret du 6 mai 1988 qui définit les missions des comités de lutte contre les infections nosocomiales (CLIN).
1992	L'arrêté du 3 août 1992 crée 5 centres interrégionaux de coordination de la lutte contre les infections nosocomiales (CCLIN) et un comité technique des infections nosocomiales (CTIN).
2001	Les cinq CCLIN et le CTIN créent, en partenariat, le réseau d'alerte d'investigation et de surveillance des infections nosocomiales (RAISIN).
2005	Plan de lutte contre les maladies nosocomiales **2005-2008**. Plan stratégique national **2009-2013** (prévention des infections associées aux soins) (IAS).
2009	Plan stratégique national **2009-2013** de prévention des infections associées aux soins (IAS).

▷

2015	Programme national d'actions de prévention des infections associées aux soins (Propias). Il a pour fil conducteur : – le développement de la prévention des infections associées aux soins (IAS) tout au long du parcours de soins, en impliquant les patients et résidents ; – le renforcement de la prévention et la maîtrise de l'antibiorésistance dans l'ensemble des secteurs de soins ; – la réduction des risques infectieux associés aux actes invasifs tout au long du parcours de soins.
2018	L'arrêté du 28 février fixe la liste des indicateurs pour améliorer la qualité et la sécurité des soins et leur mise à disposition pour le public.

Entraînement

❶ Pourquoi dit-on que les infections nosocomiales sont un problème de santé publique ?

❷ 30 % des infections liées aux soins pourraient être évitées, citez les principales mesures qui peuvent être mises en place.

Corrigé

❶ Les infections nosocomiales sont un problème de santé publique. Selon l'Institut de veille sanitaire, un patient sur 20 contracte une infection à l'hôpital, soit 750 000 malades, et malheureusement 4 000 personnes vont en mourir.

73 % des personnes sont préoccupées par cette éventualité lors d'une hospitalisation.

Il est évident que le personnel hospitalier doit être vigilant et doit rassurer les patients car selon les soins, l'intervention ou le service les risques encourus ne sont pas les mêmes. Ils sont très importants par exemple en réanimation, chirurgie et médecine.

Ces infections coûtent des vies humaines (alors que les personnes étaient venues se soigner), mais également à la société dans son ensemble. Les séjours à l'hôpital sont plus longs, les traitements particuliers sont plus coûteux (les bactéries sont multi-résistantes ou hautement résistantes aux antibiotiques). La France en estime le coût par an à 800 millions d'euros.

Enfin, les infections nosocomiales infligent aux patients et à leur famille des inquiétudes, des jours d'hospitalisation supplémentaires, des pertes de revenus, voire d'emploi, et engendrent parfois invalidité et décès (pour exemple on peut citer le combat de Guillaume Depardieu).

Faire baisser les infections nosocomiales passe par une vigilance tant du personnel hospitalier que des patients et des familles.

❷ Les principales mesures pour combattre les infections nosocomiales relèvent de l'hygiène :
- l'**hygiène des mains** des soignants, des patients et de leur entourage (utilisation de solution hydro-alcoolique) ;
- le **dépistage à l'arrivée dans l'hôpital** des patients considérés comme à risques, et prévoir un isolement protecteur des sujets anormalement susceptibles aux infections, mais aussi des malades susceptibles de propager une infection ;
- la **surveillance de l'usage des antibiotiques** dans l'hôpital ;
- la **surveillance de l'environnement** par un personnel qualifié de l'air (bouches d'aération dans les blocs opératoires, chambres de greffes) et de l'eau (légionnelle) et le **contrôle de la désinfection du matériel**, de la qualité microbiologique des surfaces ;
- les **actions préventives techniques** : traitement des conduites transportant les fluides, notamment l'eau (choc thermique/choc chloré) des tours aéroréfrigérantes et l'air (nettoyage des gaines, chauffage, climatisation) ;
- la **formation** et le **contrôle médical périodique du personnel** de l'hôpital qui doit respecter les consignes concernant le lavage des mains entre chaque patient, l'utilisation de gants stériles, de masques, de désinfection du matériel, de destruction du matériel à usage unique et enfin de retirer tout bijou et ornement corporel transportant idéalement des germes ;
- la **réduction de la durée de séjours du patient** est une méthode efficace de réduction du taux d'infections nosocomiales en chirurgie, soit *via* le développement de la chirurgie ambulatoire, soit *via* celle de la récupération rapide après chirurgie pour les hospitalisations complètes ;
- la **lutte contre les infections liées aux soins** est donc l'affaire de tous, le personnel médical, les patients et leurs familles, les établissements et l'État.

FICHE 9 La bioéthique : les dons d'organes

En 2017 :
- 6 105 greffes ont été réalisées ;
- 629 greffes ont été réalisées grâce à **des donneurs vivants ;**
- 23 828 personnes ont eu besoin d'une greffe ;
- 1 796 **personnes** ont été **prélevées.**

Les dons d'organes sont encadrés par la loi du 6 août 2004 modifiée en 2011.

La loi de bioéthique distingue :
– les organes : le cœur, les poumons, les reins, le foie, le pancréas ;
– les tissus : la peau, les os, la cornée, les valves cardiaques, la moelle osseuse, etc.

1. Les principes de la loi

- L'intervention sur le corps humain, du fait de son inviolabilité, nécessite **un consentement** de l'intéressé.
- Le code civil pose désormais : « Il ne peut être porté atteinte à l'intégrité du corps humain qu'en cas de nécessité médicale pour la personne ou à titre exceptionnel dans l'intérêt thérapeutique d'autrui ».
- **La gratuité** : le code civil indique que « Le corps humain, ses éléments et ses produits ne peuvent faire l'objet d'un droit patrimonial ».

Donc il est interdit de faire commerce de ses organes.

L'interdiction de toute rémunération du donneur n'exclut pas un remboursement de ses frais. Ces dispositions sont applicables au don d'organes.

- L'anonymat s'applique à tous les dons… sauf à ceux entre personnes vivantes.

Il est imposé, non seulement entre le donneur et le receveur, mais aussi aux tiers détenteurs d'informations relatives au donneur et au receveur.

La loi prévoit une dérogation « en cas de nécessité thérapeutique » et précise que « seuls les médecins du donneur et du receveur peuvent avoir accès aux informations permettant l'identification de ceux-ci ».

- Le code de la santé publique interdit « la **publicité** en faveur d'un don d'éléments ou de produits du corps humain au profit d'une personne déterminée ou au profit d'un établissement ou d'un organisme déterminé ». Cette interdiction de la publicité est destinée à prévenir toute dérive et n'interdit pas la publicité pour inciter au don d'organes.

- La loi prévoit que le prélèvement d'éléments et la collecte de produits du corps humain à des fins thérapeutiques soient soumis aux **règles de sécurité sanitaire** en vigueur (tests de dépistage des maladies transmissibles : virus VIH 1 et VIH 2, HTLV 1, les hépatites B et C, la syphilis, ainsi que le dépistage des infections bactériennes, fongiques et parasitaires).
- Le médecin chargé du prélèvement doit rechercher les antécédents médicaux et chirurgicaux personnels et familiaux de chaque donneur, s'informer de son état clinique et vérifier s'il existe ou non des contre-indications.
- Selon la loi, la **biovigilance** porte entre autres sur les éléments et produits du corps humain.

2. Le prélèvement d'organes sur une personne décédée

- En droit français, il n'existe pas de définition légale de la mort. Le constat de la mort résulte d'une déclaration de décès.
- La règle légale dispense les praticiens d'obtenir le consentement explicite du « donneur ». Elle ne s'applique que si « la personne n'a pas fait connaître, de son vivant, son refus » du prélèvement.

Le refus du prélèvement (loi 2017)

- La loi précise que le refus du prélèvement peut être exprimé par tout moyen. Il est possible d'inscrire son refus sur le registre national automatisé, ou par écrit, ou oralement auprès des proches. Le refus peut être partiel et ne concerner que certains organes ou tissus.

L'accord du prélèvement (loi 2011)

- La mention « A été informé de la législation relative au don d'organes » pourra être inscrite au sein de la **carte Vitale.**
- Une information sera dispensée dans les **lycées et les établissements d'enseignement supérieur**.
- Chaque 22 juin a lieu **la Journée nationale de réflexion sur le don d'organes et la greffe et de reconnaissance aux donneurs**.

3. Le prélèvement d'organes sur une personne vivante (loi 2011)

- Le **cercle des donneurs est officiellement élargi** à toute personne ayant un « lien affectif étroit et stable depuis au moins deux ans avec le receveur », ce qui rend concrètement possible le don provenant d'un ami proche.

- Les **dons croisés** deviennent autorisés. Cependant, le texte les limite à deux couples donneur-receveur.
- Le **statut des donneurs vivants** est amélioré :

– Le **code des assurances est modifié** : « toute discrimination directe ou indirecte fondée sur la prise en compte d'un don d'organe comme facteur dans le calcul des primes et des prestations ayant pour effet des différences en matière de primes et de prestations est interdite ».

– Une **amélioration des conditions de remboursement** des frais engagés par les donneurs vivants et de l'indemnisation en cas de dommages subis du fait du prélèvement. Cette disposition devrait permettre une meilleure application de la « neutralité financière » pour les donneurs vivants et une meilleure protection en cas de complication liée au don.

4. Les règles de prélèvement et de greffe

- Pour favoriser les prélèvements d'organes, la loi indique que « tous les établissements de santé, qu'ils soient autorisés ou non, participent à l'activité de prélèvement d'organes (ou de tissus) en s'intégrant dans des réseaux de prélèvement ».
- Dans le but de protéger le « donneur », les médecins qui établissent le constat de la mort ne sont pas ceux qui feront le prélèvement.
- Les médecins prélevant des organes sur une personne décédée se doivent d'assurer « la meilleure restauration possible de son corps ». C'est une marque de respect à l'égard du mort et de sa famille.
- Les patients en attente d'une greffe doivent être inscrits sur la liste nationale, par type de transplantation. La liste est gérée par l'Agence de la biomédecine.

FICHE 9

Entraînement

❶ L'activité de greffes d'organes a enregistré une légère augmentation en 2017, avec 1 796 donneurs et 6 105 greffes réalisées, mais ce sont 23 828 personnes qui auraient eu besoin d'une greffe.
Comment expliquez-vous cette situation ?

❷ Le projet de loi de modernisation de notre système de santé a adopté un amendement sur le don d'organes, mis en application au 1er janvier 2017.
De quoi s'agit-il ?

Corrigé

❶ 23 828 malades sur liste d'attente, seulement 6 105 donneurs, chiffres impressionnants, et témoignant du manque de dons.
Comment expliquer cet état de fait ?
Donner un ou plusieurs organes est souvent dans l'esprit des personnes assimilé à un don de son corps à la science. Or c'est une confusion importante, car les familles peuvent craindre d'être dépossédées du corps du disparu, ce qui n'est pas le cas. Il faut dire haut et fort que le corps du donneur est rendu et son intégrité physique est respectée.
Les donneurs décédés sont parfois des personnes qui sont en état de mort encéphalique. Les familles peuvent assimiler la mort cérébrale à un état de coma. Or la mort cérébrale n'a rien à voir avec un coma duquel la personne peut sortir. L'illusion de la vie réside dans le maintien des fonctions respiratoires, maintenues de manière artificielle. Ce qui peut être rassurant pour les familles, c'est de savoir que le médecin qui va délivrer le certificat de décès ne sera pas celui qui fera le prélèvement d'organe.
Pour être donneur d'organes, il faut faire connaître sa volonté à son entourage familial, mais beaucoup de personnes négligent de le faire, et la famille interrogée aura du mal à prendre des décisions si elle ne sait pas ce que souhaitait le défunt.
D'autres arguments peuvent être avancés par les familles, culturels, religieux, etc.
Enfin en dehors de toutes réticences de la part des donneurs et de leurs familles, on constate une baisse significative du nombre potentiel de donneurs décédés, liée à la diminution des accidentés de la route.
Favoriser le don d'organes, c'est aussi donner aux familles confrontées à la mort accidentelle d'un proche la possibilité de trouver un point positif dans ce drame (prolongation de la vie d'autres personnes) et les aider moralement à faire leur deuil.

❷ Depuis 1976 en France, selon les termes de la loi, « le prélèvement d'organes sur une personne dont la mort a été dûment constatée ne peut être effectué qu'à des fins thérapeutiques ou scientifiques ». Le médecin informe les proches du défunt avant le prélèvement envisagé, de sa nature et de sa finalité. Le principe du consentement présumé s'applique aux dons d'organes.
La loi de modernisation de notre système de santé renforce le principe de consentement présumé chez toute personne majeure décédée, sauf si son nom figure dans le registre national des refus. Ce refus de prélèvement peut être exprimé par tout moyen. Il est possible d'inscrire son refus sur le registre national automatisé ou par écrit, ou oralement auprès des proches. Ce refus peut être partiel et ne concerner que certains organes ou tissus. Il est révocable à tout moment.

FICHE 10 Les techniques d'aide à la procréation

D'après l'Agence de biomédecine, un couple sur dix est en traitement pour la fertilité.
145 255 tentatives d'aide à la procréation par an.
2,4 % des naissances grâce à la procréation médicalement assistée.

1. L'infertilité

On parle d'infertilité quand il y a absence de grossesse dans le cas où un couple a eu des relations sexuelles régulières non protégées pendant au minimum 18 mois.
L'infertilité devient stérilité quand la probabilité de grossesse devient égale à zéro.

Origine de l'infertilité

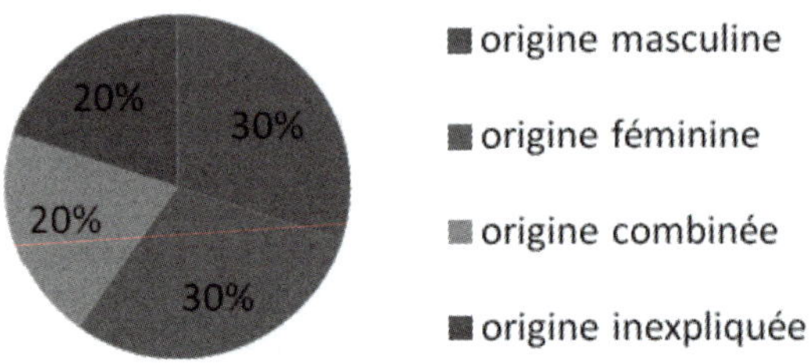

2. Principales causes

Chez la femme	Chez l'homme
Les troubles de la fonction ovarienne Les anomalies tubaires (lésion des trompes de Fallope) Malformation utérine ou de la muqueuse utérine Les altérations du col de l'utérus Des facteurs génétiques Des conséquences d'autres maladies : infections sexuellement transmissibles Maladies chroniques : cancer, maladies thyroïdiennes, diabète	Les troubles de la spermatogénèse Les infertilités excrétoires (obstruction des voies séminales) Les infertilités post-infectieuses Les infertilités auto-immunes Les troubles de l'éjaculation
Les facteurs liés au mode de vie : surpoids, sous-poids, conditions de travail, stress, tabac, alcool, drogues, pesticides ou substances toxiques (plomb, arsenic, aluminium, mercure, parabènes…) sport intensif, exposition aux ondes mobiles…	

3. Les traitements

Selon la cause de l'infertilité, il sera proposé :

- Chirurgie
- Traitement hormonal
- Fécondation *in vitro*
- Fécondation *in vitro* avec don de sperme ou avec don d'ovocyte
- Insémination artificielle
- Don d'embryon

Rappel : Le recours à des mères porteuses est interdit en France.

Entraînement

À partir de vos connaissances, quelles sont les causes de la baisse de fertilité chez les hommes ?

Corrigé

L'infertilité masculine

À part les causes médicales : maladies génétiques, infectieuses (oreillons), inflammatoires, radiations (radiothérapie), traumatisme.

Il faut citer l'environnement

Les hormones : entraîne une hypofertilité à l'âge adulte.

La chaleur : une augmentation de la température des testicules entraîne un ralentissement voire un arrêt de la spermatogenèse. À long terme on observe des destructions au niveau de la structure des testicules responsables de stérilité définitive.

L'alimentation : certains conservateurs alimentaires, des aliments contaminés de produits chimiques (emballages plastiques, PVC, etc.), par des pesticides (fruits, légumes), ainsi que la viande d'animaux nourris avec des produits contaminés, augmentent le risque de développer une ou plusieurs anomalies du spermogramme.

Le tabac : le tabagisme, par le biais du monoxyde de carbone va entraîner une destruction des vaisseaux sanguins de l'appareil génital masculin. Au niveau des testicules, les altérations vasculaires entraînent une destruction plus ou moins irréversible de la spermatogenèse.

L'alcool contribue à un environnement de stress métabolique au niveau de l'organisme (production de radicaux libres).

Les microtraumatismes engendrés par le vélo, l'équitation, l'augmentation de la chaleur locale : cela gêne la circulation du sang, et menace la qualité du sperme.

Le stress agit à tous les niveaux de la spermatogenèse, de la stimulation cérébrale par inhibition ou dérèglement de libération hormonale aux testicules par altérations vasculaires, métaboliques, hormonales et tissulaires.

QCM d'entraînement

Pour certaines questions, il est possible de cocher plusieurs réponses.

① Le droit à la santé est inscrit dans la Constitution française.

- ☐ Vrai
- ☐ Faux

② Le tiers-payant permet de :

- ☐ payer la totalité d'une consultation médicale
- ☐ ne pas payer la partie de l'assurance-maladie

③ L'hôpital est étatisé :

- ☐ depuis toujours
- ☐ depuis 1796
- ☐ depuis 1941

④ La ministre des Solidarités et de la Santé s'appelle :

- ☐ Laurence Rossignol
- ☐ Agnès Buzyn
- ☐ Marisol Touraine

⑤ La dernière loi relative au système de santé date de :

- ☐ 2012
- ☐ 2016
- ☐ 2018

⑥ Les principales associations de défense des aides-soignants sont au nombre de :

- ☐ 2
- ☐ 3
- ☐ 4

⑦ Les principales associations de défense d'auxiliaires de puériculture sont au nombre de :

- ☐ 1
- ☐ 3
- ☐ 4

⑧ L'aide-soignant ne travaille que dans les hôpitaux et les cliniques.

- ☐ Vrai
- ☐ Faux

⑨ L'auxiliaire de puériculture ne travaille qu'auprès de bébés.

- ☐ Vrai
- ☐ Faux

⑩ Le patient a le droit d'accéder aux informations de son dossier.

- ☐ Vrai
- ☐ Faux

⑪ La personne de confiance est désignée par le patient.

- ☐ Vrai
- ☐ Faux

⑫ Le suicide assisté est possible en France.

- ☐ Vrai
- ☐ Faux

⑬ La loi du 2 février 2016 est dite :

- ☐ Loi Léonetti
- ☐ Loi Clayes-Leonetti

⑭ Tous les professionnels du secteur médical sont soumis au secret professionnel.

- ☐ Vrai
- ☐ Faux

⑮ Les vaccins obligatoires sont au nombre de :

- ☐ 3
- ☐ 8
- ☐ 11

⑯ Il y a quatre grands types de vaccins.

- ☐ Vrai
- ☐ Faux

⑰ Le calendrier vaccinal change tous les ans.

- ☐ Vrai
- ☐ Faux

⑱ Une infection nosocomiale est une :
☐ Infection contractée par le nez
☐ Infection contractée à l'hôpital

⑲ La lutte contre les infections nosocomiales passe par l'hygiène.
☐ Vrai
☐ Faux

⑳ La première loi de bioéthique a été promulguée en :
☐ 1994
☐ 2004
☐ 2011
☐ 2014

㉑ Le don de gamètes est anonyme.
☐ Vrai
☐ Faux

㉒ L'infertilité touche :
☐ 1 couple sur 3
☐ 1 couple sur 6
☐ 1 couple sur 10

㉓ La gestation pour autrui est autorisée en France.
☐ Vrai
☐ Faux

㉔ La loi sur la bioéthique est revue tous les cinq ans.
☐ Vrai
☐ Faux

㉕ La procréation médicalement assistée représente :
☐ 1,4 % des naissances
☐ 2,4 % des naissances

Correction

① Vrai. Le droit à la santé est inscrit dans la Constitution française.

② Le tiers-payant permet de ne pas payer la partie de l'assurance-maladie.

③ L'hôpital est étatisé depuis 1941.

④ La ministre des Solidarités et de la Santé s'appelle Agnès Buzyn.

⑤ La dernière loi relative au système de santé date de 2016.

⑥ Les principales associations de défense des aides-soignants sont au nombre de 4.

⑦ Les principales associations de défense d'auxiliaires de puériculture sont au nombre de 1.

⑧ Faux.

⑨ Faux.

⑩ Vrai. Le patient a le droit d'accéder aux informations de son dossier.

⑪ Vrai. La personne de confiance est désignée par le patient.

⑫ Faux.

⑬ La loi du 2 février 2016 est dite loi Clayes-Leonetti.

⑭ Vrai. Tous les professionnels du secteur médical sont soumis au secret professionnel.

⑮ Les vaccins obligatoires sont au nombre de 11.

⑯ Vrai. Il y a quatre grands types de vaccins.

⑰ Vrai. Le calendrier vaccinal change tous les ans.

⑱ Une infection nosocomiale est une infection contractée à l'hôpital.

⑲ Vrai. La lutte contre les infections nosocomiales passe par l'hygiène.

⑳ La première loi de bioéthique a été promulguée en 1994.

㉑ Vrai. Le don de gamètes est anonyme.

㉒ L'infertilité touche 1 couple/10.

㉓ Faux. La gestation pour autrui n'est pas autorisée en France.

㉔ Vrai. La loi sur la bioéthique est revue tous les cinq ans.

㉕ La procréation médicalement assistée représente 2,4 % des naissances.

Auto-évaluation du QCM de culture générale

Reportez le résultat de vos réponses et comptez un point par bonne réponse.

<table>
<tr><td rowspan="6">Culture générale</td><td>Questions 1, 2, 3, 4, 5</td><td>Questions 6, 7, 8, 9</td><td>Questions 10, 11, 12, 13, 14</td><td>Questions 15, 16, 17, 18, 19</td><td>Questions 20, 21, 22, 23, 24, 25</td></tr>
<tr><td>… /5</td><td>… /4</td><td>… /5</td><td>… /5</td><td>… /6</td></tr>
<tr><td colspan="5">Vous avez moins de la moitié des réponses bonnes, vous devez travailler les fiches suivantes :</td></tr>
<tr><td>Fiches 1, 2</td><td>Fiches 3, 4</td><td>Fiches 5, 6</td><td>Fiches 7, 8</td><td>Fiches 9, 10</td></tr>
<tr><td colspan="5">Vous avez plus de la moitié des réponses bonnes, poursuivez ! Relisez bien les fiches et renforcez vos connaissances en vous entraînant.</td></tr>
<tr><td colspan="5">Vous n’avez que des bonnes réponses ! Bravo, vous avez bien intégré les connaissances de base pour réussir la partie écrite et le sujet de l’oral du concours, continuez à vous entraîner régulièrement et à suivre l’actualité.</td></tr>
</table>

PARTIE 4

Les problèmes de santé

FICHE 1 L'hygiène et la santé

1. L'hygiène

L'hygiène peut se définir comme l'ensemble des mesures prises pour préserver sa santé.

Avoir de l'eau potable, se laver les mains, se faire vacciner, nous semble aujourd'hui évident mais, selon les époques, cette notion a évolué, et bien des populations n'y ont toujours pas accès.

Voyons cette évolution.

Préhistoire	On peut imaginer qu'à cette époque, « l'hygiène » s'appliquait à la nourriture en faisant très attention aux végétaux qui étaient mangeables, à ceux qui avaient des effets (remèdes) et à ceux qui étaient toxiques.
Antiquité	Les vestiges des thermes sont un témoin de l'hygiène et montrent que les coutumes mêlaient également rites de purification et bien-être. C'est la déesse Hygie, protectrice de la santé, qui est à l'origine du mot hygiène.
Moyen Âge	Le bain est toujours présent, on utilise les latrines, mais petit à petit les bains publics deviennent des lieux mal fréquentés. On se parfume, on se coiffe, on donne son linge à laver aux blanchisseurs, mais dans les rues l'hygiène est inexistante (on jette tout, même les excréments).
Renaissance	Face à l'apparition de maladies dont on ne connaît pas l'origine (syphilis, peste), l'hygiène n'est plus de rigueur, car l'on pense que l'eau entrant par les pores de la peau transmet la maladie. La toilette devient sèche, en frottant avec un linge les parties visibles du corps. L'hygiène vestimentaire se développe (plus le vêtement est devenu noir, après avoir capté la saleté, mieux c'est). L'eau est utilisée avec des plantes à des fins thérapeutiques.
XVIIIe siècle	Réapparition des latrines (interdiction de jeter les excréments à la rue). On invite à jeter les ordures dans des tombereaux réservés. L'eau de Javel fait son apparition (pouvoir de blanchiment et de désinfection).
XIXe siècle	L'urbanisme prévoit l'évacuation des eaux usées et des fosses sceptiques (début du tout-à-l'égout). Premières expositions sur l'hygiène, début du *water closet* du fait de la découverte des bactéries, toilette, lavage des mains. Début de l'antisepsie en chirurgie. Début de la vaccination.
XXe siècle	L'hygiène s'impose partout (on en parle à l'école). Les conférences internationales du siècle précédent aboutissent à la création d'un Office international d'hygiène publique, qui s'installe à Paris en 1907, et qui deviendra l'Organisation mondiale de la santé (OMS) en 1946. Les mesures d'hygiène doivent s'imposer pour lutter contre les épidémies.
XXIe siècle	Face à l'apparition de nouvelles épidémies, l'hygiène doit perdurer, voire évoluer.

2. La santé

• L'OMS fournit cette **définition** : « La santé est un état de complet bien-être physique, mental et social, et ne consiste pas seulement en une absence de maladie ou d'infirmité. »
Cette définition a le mérite de décrire positivement les différentes composantes de l'état de santé.
L'état de bonne santé peut être influencé par différents facteurs, et nécessite la satisfaction des besoins fondamentaux de l'individu.

• Voici les différents facteurs, illustrés d'exemples, qui influencent la santé :

– Les **facteurs sanitaires** : l'état de santé de l'individu varie selon son patrimoine génétique, héréditaire ; selon son état physique, physiologique et psychique, ses possibilités d'accéder aux soins, mais aussi le système de santé lui-même (organisation des soins, connaissances médicales, modalités d'application, équipements et personnel qualifié).
– Les **facteurs socio-économiques** : l'environnement influe fortement sur la santé : l'habitat (salubrité, composants), l'urbanisation (fatigue liée aux transports, pollutions), le mode de consommation (produits biologiques ou non, produits chinois à l'origine d'allergies), les loisirs (sport).
– Les **facteurs psycho-culturels** : comme la scolarisation (connaissances d'hygiène et sanitaires), la mentalité des populations devant les problèmes sanitaires (choix de l'homéopathie ou de l'acupuncture), les coutumes, croyances et traditions en matière de santé (circoncision).
– Les **facteurs politiques** : planification économique et sociale (plan cancer), la législation sanitaire (lois sur la bioéthique), les aides internationales (pour les pays en développement).
– Les **facteurs démographiques** : dont la répartition des populations par âge, la politique gouvernementale de planification familiale, la concentration urbaine et la dissémination rurale, les migrations.
– Les **facteurs géographiques** : le climat (le soleil influence le moral), les richesses naturelles, les communications (régions qualifiées de déserts sanitaires).

• Les besoins des individus ont fait l'objet de définitions par Virginia Henderson (elle identifie 14 besoins pour définir le rôle des soignants). Nous retiendrons la pyramide de Maslow qui hiérarchise les besoins en cinq grandes catégories :

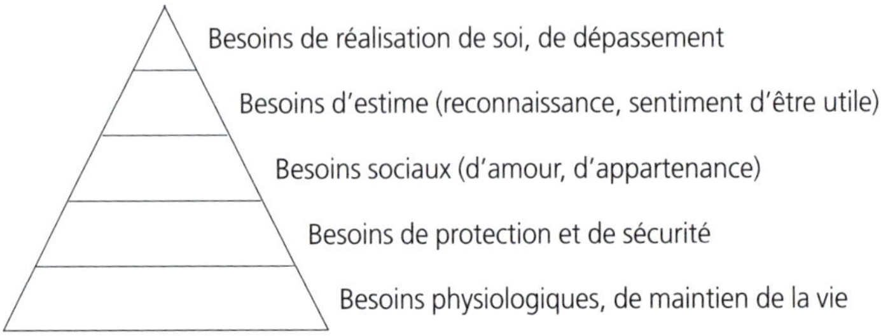

Pour passer d'un niveau à un autre, l'individu doit avoir satisfait le besoin de niveau inférieur.

3. L'hygiène dans le secteur hospitalier

À l'hôpital, le risque infectieux est une menace permanente. Nous allons voir les moyens mis en place pour garantir la sécurité sanitaire.

La réglementation se décline à travers divers textes concernant les pratiques et les missions des professionnels comme la loi du 1er juillet 1988 relative au renforcement de la veille sanitaire et au contrôle de la sécurité sanitaire des produits destinés à l'homme, le décret du 6 décembre 1999 pour l'organisation de la lutte contre les infections nosocomiales dans les établissements de santé et le décret du 26 juillet 2001 relatif à la lutte contre les maladies nosocomiales soumises à déclaration obligatoire. La circulaire DGS/PS3/DH/FH1 nº 96-31 du 19 janvier 1996 définit les missions de l'aide-soignant et de l'auxiliaire de puériculture en lien avec l'hygiène.

Règles d'hygiène liées aux soignants

Le personnel a un rôle primordial dans la prévention, cela concerne :

- L'**hygiène corporelle** : il est recommandé d'avoir des ongles courts, propres et sans vernis, les cheveux attachés, ne pas porter de bijoux, se laver les mains.
- L'**hygiène vestimentaire** : avec une tenue professionnelle lavable à haute température, des chaussures lessivables, des tenues de protection (surblouse, masque, surchaussures) ainsi que le port de gants à usage unique dans certains cas (lésions sur les mains du soignant, contact avec le sang, ou du matériel souillé).

Règles d'hygiène liées à l'entretien des locaux

L'entretien des locaux est réalisé selon des protocoles bien déterminés et à l'aide de produits spécifiques adaptés au but recherché.

Le nettoyage et la désinfection

Le **nettoyage** consiste à l'élimination des salissures macroscopiques.
Le **bio-nettoyage** est réalisé dans les zones à risque.
La **détergence** est un processus selon lequel les salissures sont détachées de leur substrat et mises en solution ou dispersion.
La **désinfection** permet d'éliminer les micro-organismes.

Règles d'hygiène liées à l'élimination des déchets de soins

Les professionnels doivent connaître et respecter les circuits d'élimination des déchets.

- Les **déchets de soins non contaminés** sont les déchets assimilés aux déchets ménagers.
- Les **déchets de soins à risque** correspondent au petit matériel de soins (seringue, tubulure…), aux flacons de produits toxiques. Ceux-ci doivent être mis dans des containers adaptés destinés à l'incinération.

Règles d'hygiène liées aux circuits du linge

Le personnel doit être vigilant à :

- la **gestion du linge propre** qui doit être transporté, manipulé et stocké dans un endroit propre, sec et dépoussiéré ;
- la **gestion du linge sale** qui doit être trié et éliminé dans des sacs prévus à cet effet ;
- la **gestion du linge contaminé**, qui est mis dans des sacs biodégradables avec un double emballage.

Règles d'hygiène liées aux spécificités du patient

Pour certains patients, une hygiène particulière pourra être mise en place comme l'**isolement** afin de le préserver d'une contamination extérieure, ou l'isolement septique pour éviter le transport des germes du patient vers l'extérieur.

Entraînement

Que pensez-vous de la prévention en santé publique ?

Corrigé

En France, la politique de santé publique est définie par la loi du 9 août 2004. Dans cette loi sont donnés des objectifs, par exemple : la surveillance et l'observation de l'état de santé de la population, la lutte contre les épidémies, la prévention des maladies, l'information et l'éducation à la santé, l'organisation, l'accès aux soins, la qualité et la sécurité des soins.

Le volet prévention passe par l'éducation de l'individu. Cette éducation doit développer des compétences : la personne qui consulte un professionnel de la santé, quel que soit son état (malade, en bonne santé) doit pouvoir ensuite, seule, l'entretenir ou le bonifier. L'information peut être réalisée à trois niveaux : éducation thérapeutique (liée au traitement préventif ou curatif), éducation à la maladie (liée aux traitements et la prévention des complications), éducation pour la santé (liée à la qualité de vie du patient, elle prend en compte son mode de vie globalement).

L'éducation à la santé permet de changer des attitudes de vie, de faciliter les contraintes d'une surveillance régulière, le dépistage, la prévention des complications. Elle donne un rôle actif au patient et favorise le dialogue avec les professionnels de santé.

FICHE 2 Les maladies à incidences sociales

1. Définition

• Pour être qualifiée de maladie à incidences sociales, une maladie doit répondre à quatre critères.

La **morbidité** peut être appréciée par :

– l'incidence de la pathologie (nombre de nouveaux cas par rapport à la population étudiée) ;

– la prévalence (nombre de personnes atteintes par la maladie par rapport à la population étudiée).

La **mortalité** qui peut être évaluée par le nombre des décès, et le taux de mortalité.

Le **coût élevé** pour la société en termes de dépenses pour la prévention primaire (campagnes d'information), la prévention secondaire (dépistage) et la prévention tertiaire (traitement, réadaptation). Les malades supportent les coûts des traitements liés à la maladie, et leurs ressources diminuent pendant le congé maladie.

Les **conséquences sociales** pour la société (perte de production, de journées de travail), pour les malades (difficultés de réadaptation, de réinsertion sociale, professionnelles).

• Les maladies à incidences sociales atteignent un grand nombre de personnes. En France entrent dans cette catégorie les maladies cardio-vasculaires et les cancers.

La liste des maladies à incidences sociales varie selon l'époque. La tuberculose était considérée comme un fléau à la fin du XIXe siècle et jusqu'au milieu du XXe siècle. L'obésité pourrait bientôt faire partie de la liste.

2. Les maladies cardio-vasculaires (MCV[1])

Selon l'Organisation mondiale de la santé, « les maladies cardio-vasculaires constituent un ensemble de troubles affectant le cœur et les vaisseaux sanguins ».

Ce sont des maladies qui atteignent :

– les vaisseaux liés au muscle cardiaque (cardiopathies coronariennes) ;

– les vaisseaux sanguins alimentant le cerveau (maladies cérébro-vasculaires) ;

– les vaisseaux sanguins alimentant les membres (artériopathies périphériques) ;

1. Dans la littérature anglaise, les MCV sont les CVD (*Cardiovascular disease*).

FICHE 2

– le rhumatisme articulaire aigu (cardiopathies rhumatismales);
– les malformations (malformations cardiaques congénitales);
– les obstructions des veines par un caillot sanguin (thromboses veineuses).
Les accidents vasculaires cérébraux (AVC) et infarctus sont souvent la conséquence du blocage d'une artère empêchant le sang d'arriver au cerveau ou au cœur (soit par caillot soit par dépôt de gras sur les parois des vaisseaux).
Les **facteurs de risque majeurs** sont l'âge, le tabagisme, le diabète, l'hypertension artérielle, le cholestérol, alors que les **facteurs prédisposant** sont l'obésité, la sédentarité, l'hérédité et la consommation d'alcool.

3. Le cancer

Le **cancer** est un terme général désignant toute maladie où l'on constate une division anormale, incontrôlée des cellules du corps. Le cancer peut être très localisé, ou s'étendre à plusieurs organes (cancer généralisé).
En 2017, le nombre de nouveaux cas de cancer en France est estimé à 400 000 (214 000 hommes, 186 000 femmes). Il est responsable de 150 000 décès (84 000 hommes, 66 000 femmes). Le cancer du poumon reste de loin le cancer le plus meurtrier chez l'homme, devant le cancer colorectal et celui de la prostate. Chez la femme, le cancer du sein se situe en tête de la mortalité, le cancer du poumon arrive juste après, suivi du cancer colorectal.

La maladie génère des bouleversements

Les malades sont confrontés à :
– la **souffrance physique** (par la maladie elle-même, mais aussi les traitements);
– la **souffrance psychologique** : l'annonce d'une telle maladie remet en cause sa vision de la vie, son avenir, l'avenir de ses proches. Le malade peut se sentir coupable, révolté, déprimé, etc.;
– des **difficultés familiales :** l'équilibre familial va être perturbé par les séjours hospitaliers et tout ce qui en découle. L'entourage peut modifier son comportement vis-à-vis du malade, parfois des conflits naissent ou des séparations. Les projets familiaux sont bouleversés (annulation de vacances, ou d'autres projets);
– des **difficultés économiques** : la personne malade va voir ses ressources diminuer lorsqu'elle est en arrêt maladie; elle peut avoir des frais supplémentaires liés à la maladie;
– des **difficultés sociales** : le regard de la société sur les personnes malades n'est pas toujours positif. Que ce soit dans l'entourage professionnel, amical, les liens peuvent se distendre, disparaître.

Plan de lutte contre le cancer 2014-2019

Depuis 2000, la France s'est dotée d'une politique de lutte contre le cancer. Ce plan s'inscrit dans la mise en œuvre de la stratégie nationale de santé et s'organise en quatre priorités.

Guérir plus de personnes malades

Le plan vise à surmonter au mieux les inégalités sociales et territoriales, en favorisant des diagnostics précoces grâce au dépistage et en garantissant un accès rapide pour tous à une médecine d'excellence, avec l'ambition de guérir plus de patients.

Préserver la continuité et la qualité de vie

Le plan vise à accompagner et soutenir les efforts des personnes pour préserver leur continuité et qualité de vie à travers trois objectifs :
- assurer des prises en charge globales et personnalisées ;
- réduire les séquelles des traitements et les risques de second cancer ;
- diminuer les conséquences du cancer sur la vie personnelle.

Investir dans la prévention et la recherche

Un effort majeur doit être réalisé au niveau de la prévention. L'accent est également mis sur la recherche pour développer de nouvelles approches préventives ou thérapeutiques.

Optimiser le pilotage et les organisations de lutte contre les cancers

Le plan clarifie les rôles des acteurs nationaux et régionaux et définit certaines orientations favorables à l'innovation en matière de financement.

Le droit à l'oubli

Les anciens malades du cancer n'auront plus à le déclarer pour souscrire un contrat d'assurance ou pour emprunter (5 ans après l'arrêt du traitement pour les mineurs, de 1 à 10 ans pour les adultes). Le 4 février 2016, les pouvoirs publics et les professionnels des banques et assurance ont signé la convention AERAS (S'assurer et emprunter avec un risque aggravé de santé) et ont adopté une grille de référence par type de cancer.

Entraînement

Le cancer est une maladie qui fait peur, comment peut-on l'expliquer ?

Corrigé

Le cancer est une maladie qui fait peur du fait de sa fréquence : un Français sur trois développera dans sa vie un cancer. Elle touche tout le monde (enfants, adultes, personnes âgées). Son annonce représente un vrai traumatisme pour le patient et sa famille, car souvent il est diagnostiqué avant même que le patient ne se sente malade.

Il est tout à fait normal à cette annonce d'avoir peur des traitements qui sont lourds, douloureux, fatigants (chirurgie, chimiothérapie, radiothérapie) et qui peuvent provoquer des changements physiques (perte de cheveux, effets secondaires, etc.).

Bien souvent, la peur de mourir reste la plus grande crainte car le cancer est connu comme l'une des causes de mortalité précoce.

La maladie modifie les rapports à la vie, aux autres et peut avoir des répercussions sociales importantes (arrêt maladie, invalidité, perte d'emploi, etc.).

L'ensemble de ces peurs occulte le fait que la recherche a permis d'énormes progrès dans les traitements et qu'aujourd'hui, les équipes médicales sont en mesure de proposer des traitements personnalisés et ciblés en fonction du cancer.

La survie des patients augmente, quel que soit le stade de la maladie.

Enfin, les thérapies ne guérissent pas forcément, mais bloquent, « chronicisent » la maladie. Plus un cancer est dépisté tôt, plus le patient aura de chance de survivre et d'en guérir.

FICHE 3 Les substances psychoactives

Ces addictions font partie des maladies à incidence sociale évoquées dans la fiche qui précède.

1. Définitions de l'Organisation mondiale de la santé (OMS)

- La **toxicomanie** est « un état de dépendance physique ou psychique ou les deux, vis-à-vis d'un produit et s'établissant chez un sujet et à la suite de l'utilisation périodique ou continue de celui-ci ». L'OMS préfère au terme de « toxicomanie » celui de « pharmacodépendance ».
- L'**addiction** est « un état de dépendance périodique ou chronique à des substances ou à des comportements ».
- La **dépendance**, c'est la survenue de symptômes de sevrage en cas d'absence de la substance ou d'une activité addictive, et le développement d'une tolérance impliquant une augmentation de la dose nécessaire, quels que soient les signes de destruction physique ou psychique.
- La **drogue** est « toute substance qui peut modifier la conscience et le comportement de l'utilisateur ». En ce sens, tout médicament peut être qualifié de drogue. Elles peuvent être employées à des fins médicales ou à des fins non médicales. Seules les substances susceptibles de modifier la fonction psychique (y compris l'alcool) peuvent être retenues comme telles. « Ce sont les drogues psychotropes, c'est-à-dire l'ensemble des substances d'origine naturelle ou synthétique qui peuvent, par leur action sur le système nerveux central, modifier l'activité mentale, les sensations, les comportements… » (définition de l'OMS).

2. L'alcool

Définitions

La **consommation d'alcool** dite « **nocive** » ou « **à problème** » est définie comme un mode de consommation dommageable à la santé physique ou mentale. L'OMS la définit comme une consommation moyenne régulière de plus de 40 g d'alcool par jour pour les femmes et de plus de 60 g pour les hommes.

Selon l'OMS, « **Les alcooliques sont des buveurs excessifs**, dont la dépendance à l'égard de l'alcool conduit à une consommation responsable d'un trouble mental ou physique décelable et affectant le comportement, les relations sociales et familiales et le statut économique du sujet ».

Une **consommation épisodique massive** (*binge drinking*) peut être particulièrement dommageable à la santé, y compris à court terme. Elle est définie

comme la consommation d'au moins 60 g d'alcool au cours d'une seule occasion[1].
Enfin, la **dépendance à l'alcool** peut être définie comme un ensemble de phénomènes physiologiques, comportementaux et cognitifs au cours desquels la consommation d'alcool devient prépondérante et prioritaire sur les autres comportements jusqu'alors prédominants chez un individu donné.

Les conséquences de l'alcool

- L'alcool a des effets néfastes sur l'**organisme** : les organes internes, la circulation sanguine, le système nerveux, le système digestif, le système cérébro-vasculaire, sans oublier le fœtus.
- La consommation abusive d'alcool peut provoquer des **désordres psychiatriques**, comme les troubles de la personnalité, de l'humeur et de l'anxiété, ainsi que des troubles graves comme la schizophrénie.
- Les **problèmes sociaux** engendrés par la prise d'alcool sont nombreux :

– blessures, accidents, accidents mortels ;
– comportements de violence physique (crime, agression, viol) ;
– comportements à risque (relations sexuelles non protégées, abusives, grossesse non planifiée...) ;
– conflits familiaux (maltraitance, divorce, dettes...) ;
– une insertion sociale difficile : pour les jeunes, le parcours scolaire devient chaotique et peu qualifiant. Pour les personnes en activité, des conflits apparaissent sur leur lieu de travail, mais aussi avec les clients, ce qui peut les conduire à perdre leur emploi, voire pour certains connaître une marginalisation complète.

La consommation d'alcool représente donc un enjeu de santé publique majeur.

3. Le tabac

- Il existe 16 millions de fumeurs en France. 73 000 décès prématurés sont dus à la consommation des 44,2 milliards de cigarettes vendues en France en 2017.
- La cigarette est composée de nombreux **éléments nocifs** (goudron, gaz toxique, agents de saveur et métaux lourds comme le mercure et le plomb). La fumée de cigarette contient 4 000 composés chimiques dont 50 sont cancéri-

1. Ce type de consommation est appelé « conduite d'alcoolisation aiguë », « recherche d'ivresse » et plus familièrement « défonce » ou « cuite ».

gènes. C'est une **drogue puissante** car le tabac et la nicotine agissent sur le système nerveux central et provoquent :
- une **dépendance physique** (les récepteurs à la nicotine réclament leur dose quotidienne) ;
- une **dépendance psychologique** : la nicotine accentue le sentiment de bien-être ;
- une **dépendance comportementale** : certains événements, certains lieux, certaines personnes donnent envie de fumer, la cigarette est alors consommée par automatisme et non par besoin.

- Le tabac a des **effets néfastes** sur l'ensemble du **système respiratoire** :
- les **goudrons** provoquent une diminution importante du souffle ;
- le **monoxyde de carbone** perturbe l'oxygénation ;
- les **substances irritantes**, comme l'acétone, provoquent une inflammation des bronches.

- Les fumeurs ont plus fréquemment des **maladies infectieuses** (otite, sinusite, angine, bronchite, grippe, pneumonie), des **maladies inflammatoires** (bronchite chronique, emphysème), des maladies allergiques (rhume des foins, asthme) et enfin des **maladies cancéreuses** dans tout l'appareil respiratoire.
- Fumer a des **conséquences bien visibles**, par le vieillissement de la **peau**, le jaunissement des doigts, des ongles et des **dents**, enfin un risque d'acné augmente. Le tabagisme atteindrait aussi les **cheveux** (chute et grisonnement précoces).
- Les **affections ophtalmologiques** sont plus nombreuses (cataracte) que l'on soit fumeur actif ou passif, car les yeux sont exposés directement à la fumée et les particules volatiles restent de nombreuses heures, voire plusieurs jours, dans les pièces.
- La fumée de cigarette génère des **troubles du goût** qui entraînent de mauvaises habitudes alimentaires. De plus, la consommation de tabac modifie l'**équilibre hormonal** et provoque une nouvelle répartition des graisses corporelles qui se concentrent alors au niveau du ventre. Souvent, fumer rime avec une vie plus sédentaire, alors qu'une activité physique régulière tonifie les muscles et affine la taille.
- La cigarette est responsable des **troubles de la fertilité** chez l'homme comme chez la femme. Associée à la pilule contraceptive, elle augmente les risques cardio-vasculaires. Elle accélère l'apparition de la ménopause.
- La nicotine accélère le **transit intestinal**. La situation de manque que chaque cigarette vient soulager crée des tensions qui perturbent l'endormissement et le sommeil.

4. Les substances psychoactives

• Que les produits consommés soient naturels ou synthétiques, nous les présenterons selon trois grandes catégories :
– les **sédatifs** qui calment l'activité d'un organe ou du psychisme, par exemple la méthadone, les dérivés de l'opium (morphine, héroïne, codéine), les solvants (éther, trichloréthylène) ;
– les **stimulants** qui sont des substances qui vont avoir un effet favorable sur le fonctionnement de certains organes et qui activent les fonctions psychiques comme la cocaïne, le crack ;
– les **hallucinogènes** qui vont induire des modifications importantes et transitoires de la perception, de la pensée, de l'humeur comme le LSD, mescaline, haschisch, cannabis, marijuana, les champignons, la belladone, les poppers, la kétamine…

• Il est difficile de savoir pourquoi une personne se drogue. Les raisons sont multiples.
Beaucoup de personnes évoquent le fait de se **détendre** et de se sentir bien avec les autres. Dans des soirées, pour **s'amuser** et éprouver du plaisir. Ces **usages récréatifs** de drogues ou d'alcool sont le plus souvent ponctuels.
La recherche des sensations et la prise de risque motivent l'usage de drogues. Dans la grande majorité des cas, ces **expérimentations** ne sont qu'une phase de la vie.
L'objectif peut être de **s'échapper de la réalité**. La drogue sert d'anesthésiant des pensées, des sentiments, des émotions, de la souffrance. L'anxiété, les problèmes relationnels, les traumatismes du passé et le mal-être ressenti sont souvent à l'origine de ces usages. Ces consommations sont propices à ce qu'une dépendance s'installe.
« Faire comme les autres », parce que c'est un **signe d'appartenance** au groupe. Parfois, l'usage est valorisé pour être « plus cool ». Les jeunes se droguent également par **rébellion**, pour se distinguer des autres, de leurs parents et plus globalement des adultes. Ils cherchent à se forger une identité.
Être **performant, en forme**, avoir de l'énergie, tenir face à la pression des examens, du travail sont autant de raisons évoquées pour faire usage de drogue. Le consommateur n'a pas conscience de se droguer, mais sa réussite dépend de cette consommation. Si ces conduites dopantes sont banalisées, voire valorisées, elles n'excluent pas le risque de dépendance.

5. Les dépendances comportementales

Depuis quelques années, on constate de nouvelles dépendances, qui peuvent être aussi destructrices :

– **Internet** qui peut générer agressivité et nervosité, si l'on dérange l'utilisateur. Une dépendance à certains sites et aux relations virtuelles qui peuvent révéler un mal-être profond, un vide émotionnel ou affectif, des frustrations ;

– le **téléphone portable** dont l'oubli ou l'absence peut générer de véritables crises d'angoisse ;

– le **jeu**, qu'il soit d'argent ou vidéo peut devenir pathologique ;

– le **sexe**, qui se caractérise par un besoin excessif de partenaires, le recours à la pornographie, et autres pratiques ;

– le **travail** qui devient obsessionnel. L'individu est alors tourné vers la compétition, la réussite et cela peut avoir de graves conséquences sur la santé, la famille, les relations sociales ;

– les **achats compulsifs**, en ligne ou dans les boutiques, traduisent un mal-être qui peut être profond ;

– le **sport** pratiqué par plaisir, pour se dépasser, ou pour répondre à des exigences de forme et de minceur peut également devenir par le biais des endorphines secrétées pendant l'effort une manière de « planer ».

6. Les mesures de lutte

La lutte contre l'alcoolisme

• Au niveau national, les mesures visent un double objectif : la prévention et la prise en charge des personnes, en s'appuyant sur un arsenal législatif et des campagnes d'informations ciblées.

L'**ivresse publique** est sanctionnée depuis 1873.

La **publicité** est réglementée depuis 1941. La loi relative à la lutte contre le **tabagisme** et l'**alcool,** dite **loi Evin, du 10 janvier 1991** interdit la propagande et la publicité pour ces produits.

Le Code des **débits de boissons** est intégré depuis 1954 dans le Code de la santé publique. Le Code de la santé publique du 22 mars 2011 légifère la distribution dans les articles L. 3323-1 et suivants.

L'**alcool au volant** est réprimé depuis 1965. Depuis juillet 2015, le taux d'alcool limite autorisé pour les détenteurs d'un permis probatoire est de 0,2 g/l de sang ; pour les autres conducteurs, il est de 0,5 g/l de sang.

La consommation d'alcool sur les **lieux de travail** est réglementée depuis 1973, le dernier décret date du 1er juillet 2014.

La loi portant réforme de l'hôpital et relative aux patients, à la santé et aux territoires du **9 août 2004** (campagne pour la prévention du syndrome d'alcoolisation fœtale, information dans les collèges et lycées sur les dangers des drogues).

La loi du **21 juillet 2009** interdit de vendre de l'alcool aux moins de 18 ans dans les bars, restaurants, commerces et lieux publics.

Les articles 12 et 13 de la loi du **26 janvier 2016** modifient le Code de la santé publique et le Code pénal.

Campagnes d'information en direction des femmes enceintes, des jeunes, du grand public.

• La **dernière journée nationale** sur les problèmes liés à l'alcool a eu lieu le 24 mai 2018 sur le thème « Quand l'alcool devient médicament ».

• La consommation d'alcool dans l'Union européenne (UE) pèse d'un poids considérable sur la santé publique. La région Europe de l'OMS s'est dotée d'un **Plan d'action européen visant à réduire l'usage nocif de l'alcool 2012-2020**, qui a été approuvé par l'ensemble des 53 États membres dont la France en septembre 2011. Presque tous les pays de l'UE se sont dotés d'une stratégie nationale de lutte contre l'alcool qui est, dans de nombreux cas, associée au Plan d'action européen visant à réduire l'usage nocif de l'alcool 2012-2020 promu par l'OMS.

La lutte contre le tabac

• Depuis le **1er janvier 2007**, il est interdit de fumer dans les lieux affectés à un usage collectif, notamment scolaire, et dans les moyens de transport collectif, sauf dans les emplacements expressément réservés aux fumeurs (article L. 3511-7 et articles R. 3511-1 à R. 3511-8 du Code de la santé publique).

• La **loi du 21 juillet 2009**, complétée par le **décret du 25 mai 2010**, interdit la vente ou l'offre de produits de tabac aux personnes de moins de 18 ans.

• Depuis la **loi du 17 mars 2014** relative à la consommation (articles 30 et 36, section 6), il a été décidé d'appliquer à la cigarette électronique deux mesures aujourd'hui appliquées au tabac : interdiction de vente aux mineurs et interdiction de publicité.

• La loi du **26 janvier 2016** confirme l'arrivée du **paquet neutre de cigarettes et de tabac à rouler**, par étapes :

– 20 mai 2016 : les industriels devaient produire des paquets neutres, qui arrivent progressivement chez les buralistes ;

– 1er janvier 2017 : les bureaux de tabac ne vendent que des paquets neutres.

- Elle introduit l'**interdiction de fumer en voiture en présence d'enfants**, et de fumer dans les espaces publics de jeux, d'installer de nouveaux débits de tabac à proximité des établissements accueillant la jeunesse, et enfin propose un meilleur remboursement du sevrage tabagique.
- Le **programme national de réduction du tabagisme 2014-2019** vise à obtenir une baisse de 10 % du nombre des fumeurs quotidiens d'ici 2024. Pour cela, l'État se propose d'intervenir pour :

– protéger les jeunes et éviter l'entrée dans le tabac ;
– aider les fumeurs à s'arrêter ;
– agir sur l'économie du tabac.

- La **Journée mondiale sans tabac** du 31 mai 2018 a eu pour thème le tabac et les cardiopathies (« le tabac vous brise le cœur »).

La lutte contre les drogues

- Le Code de la santé publique (article L. 3421-14) prévoit des peines d'emprisonnement et d'amende pour « l'**usage** illicite de l'une des substances ou plantes classées comme stupéfiants ».
- Le **trafic** et le **blanchiment** d'argent sont punissables par le Code pénal et celui des douanes.

L'article L. 3421-4 du Code de la santé publique **interdit la provocation à l'usage ou au trafic** de stupéfiants ou de substances présentées comme telles.

- Selon l'article L. 235-2 du Code de la route, les forces de police et de gendarmerie peuvent pratiquer des **dépistages**.
- Par ailleurs, la loi du 5 mars 2007 relative à la prévention de la délinquance rend possible le dépistage pour le personnel d'une entreprise de transport de marchandises ou de voyageurs.
- **Le plan gouvernemental de lutte contre les drogues et les conduites addictives 2013-2017** a été évalué en 2018, le nouveau plan gouvernemental de lutte couvrira la période 2018-2022. La lutte au niveau national et international contre les trafics sera renforcée, pour favoriser la sécurité. Il y aura une meilleure articulation entre le secteur judiciaire et le secteur sanitaire pour la prise en charge des usagers.
- La loi du 12 mai 2010 permet l'ouverture à la concurrence du secteur des jeux d'argent et de hasard en ligne et en organise sa régulation. Ce texte prévoit :

– un dispositif de prévention ;
– un dispositif de prise en charge des addictions de type jeux pathologiques.

Entraînement

❶ Selon vous, pourquoi les jeunes adolescents ont-ils de plus en plus recours à une alcoolisation de plus en plus fréquente et sévère ?

❷ La prévention contre l'alcool du CM2 jusqu'à la Terminale. Qu'en pensez-vous ?

Corrigé

❶ La consommation d'alcool des jeunes est plus visible qu'avant. Aujourd'hui, il suffit d'acheter un pack de bières et de le boire dans la rue. Ou prendre une bouteille de vodka pour la soirée. C'est la défonce, seul, vite qui est recherchée pour ne plus réfléchir.
Cette pratique est à mettre en parallèle avec la société (moins de repères familiaux, sociaux, religieux… une société individualiste, de consommation).
Ce qui compte, c'est jouir de tout, tout de suite, pour son plaisir. Cette notion de « tout est possible » et d'immédiateté est vertigineuse, angoissante.
Les jeunes doivent gérer la pression sociale : être le plus beau, le meilleur, le plus performant, avoir des amis, de l'argent, une situation.
L'adolescence est une période de recherche d'identité, encore plus difficile à gérer quand on est fragile. Plus les jeunes sont psychologiquement déstructurés, moins ils réussissent à trouver leur place dans la société.
En fin de semaine, les jeunes se déconnectent rapidement de la réalité, s'anesthésient, se mettent dans un état d'inconscience. Ce besoin est inquiétant pour l'avenir (risque de dépendance).
Ce message doit être entendu de l'adulte, qui doit montrer de l'intérêt et être garant d'un « cadre » et le tenir.

Rappel du formateur

Il y a trois stades de prévention :

- **prévention primaire** : réduire la survenue d'un risque ;
- **prévention secondaire** : réduire l'aggravation d'un problème ;
- **prévention tertiaire** : éviter les rechutes ou les complications.

❷ L'alcool est un problème de santé publique qui engendre des problèmes tant au niveau individuel que collectif. Il est de la responsabilité de la société et des adultes de faire de la prévention auprès des plus jeunes.

On citera différentes actions :

Prévention primaire

La loi Evin, de 1991 modifiée par la loi de janvier 2016, la loi de mars 2009. Les instances officielles comme la Mission interministérielle de lutte contre les toxicomanies (MILDT), Observatoire français des drogues et des toxicomanies (OFDT), Institut national de prévention et d'éducation pour la santé (INPES). Campagnes de prévention.

Prévention secondaire

- Les **centres de cure ambulatoire d'alcoologie** (CCAA) accueillent toute personne, entourage ou usager, en difficulté avec l'alcool. Les enfants de personnes alcooliques peuvent y trouver des interlocuteurs attentifs.
- Les **points d'accueil écoute jeunes** (PAEJ) : ces structures de proximité accueillent les jeunes de 10 à 25 ans. Elles leur proposent une écoute, un espace de parole, un soutien quel que soit le problème rencontré. En cas de besoin, ils réorientent vers des structures adaptées.
- Les **centres médico-psycho-pédagogiques** (CMPP) s'adressent aux enfants et aux adolescents qui souffrent de difficultés diverses au cours de leur développement. C'est un lieu de parole, ouvert à tous.
- Les **maisons des adolescents** sont des lieux d'accueil, d'information, de prévention, de prise en charge médicale et de suivi, de recherche sur les difficultés rencontrées durant l'adolescence.

Prévention tertiaire

Les groupes d'entraide : associations d'anciens buveurs ou anciens dépendants : ce sont des groupes de personnes anciennement alcooliques qui se réunissent pour se soutenir dans l'abstinence, échanger leur expérience, s'entraider.

FICHE 4 Les dangers du sport

Tout le monde s'accorde à dire que l'activité physique est bonne pour la santé. C'est oublier que la pratique du sport peut présenter des risques et même être contre-indiquée.

Le sport pratiqué en loisir ou par des professionnels peut se révéler dangereux aussi bien au niveau physique qu'au niveau psychique.
Tout d'abord, on peut penser que le sport est dangereux puisque sa pratique nécessite dans certains cas :
- **une assurance** et, selon le niveau sportif, des options de protection différentes, voire, pour des sportifs de haut niveau, l'interdiction de pratiquer des sports qui sont dangereux pour leur pratique professionnelle ;
- **un certificat médical**.

Les lieux de pratique de sports doivent répondre à des **normes de sécurité** : les piscines doivent être surveillées, les personnes qui encadrent doivent avoir des diplômes, le matériel doit répondre à des normes de fabrication, de résistance, etc.
Le sport est source de nombreux troubles de la santé et « fournisseur » des urgences et des consultations médicales.

1. Les dangers physiques

Les troubles cardio-vasculaires

En effet, même si une personne pratique régulièrement un sport, son hygiène de vie, son rythme de vie, son niveau de stress, son alimentation peuvent, notamment, comporter et impliquer des risques.
Pire, chez les adeptes de l'exercice physique, l'âge moyen de la mort subite est de 47 ans, contre 60 ans pour les autres catégories. Les atteintes coronariennes seraient responsables de 85 % de ces accidents mortels.
Rappelons-nous quelques sportifs décédés suite à des problèmes cardiaques en ce début d'année 2018 : David Astori, footballeur italien (4 mars) ; Thomas Rodriguez, footballeur à Tours (9 mars) ; le cycliste Michael Goolaerts pendant la course Paris-Roubaix (8 avril).
Des examens médicaux et un bon échauffement permettent d'éviter ces accidents. Le risque est également diminué si l'on reste à l'écoute de son corps en ne voulant pas trop en faire, en ne poussant pas la machine au-delà de ses limites ou en ne démarrant pas de manière trop intensive. L'utilisation d'un cardiofréquencemètre permet justement de savoir avec précision si l'effort n'est

pas trop intense pour le cœur lors de la pratique d'un sport d'endurance par exemple.

Les troubles « traumatiques »

Certains sports sont plus dangereux que d'autres du fait des risques de chutes, de traumatismes articulaires.

Le **squelette est malmené** par la **pratique athlétique** : fractures de fatigue, écrasement des cartilages, usure des articulations, hernies discales, lombalgies, entorses.

Au **ski**, de nombreuses **fractures** se produisent tous les ans, liées au manque de pratique, de forme, de prudence ou au matériel.

Les sportifs confirmés peuvent devenir accrocs au sport à haute dose et se livrer à un entraînement trop intensif ou trop fréquent par rapport à leurs capacités physiques. Le risque est d'avoir des **blessures à répétition**, autant de signaux d'alerte envoyés par le corps – pathologies tendineuses (tendinite, tennis-elbow) et musculaires (claquage, élongation) – qui ne peut pas suivre le rythme imposé. Cela peut aboutir aussi à des fractures de fatigue, à des hernies discales, etc.

Le **dos** des athlètes est aussi mis à rude épreuve. La spondylolyse – fracture de fatigue de l'arc osseux à l'arrière des vertèbres – touche 9 % des tennismen et 30 % des gymnastes. Par ailleurs, 68 % des judokas souffrent d'ostéochondrose vertébrale. Les cavaliers, parmi ceux qui ont commencé avant l'âge de huit ans, sont 66 % à présenter des **fissures vertébrales**. Un volleyeur sur deux souffre d'une **hernie** ou d'un **écrasement discal**.

La pratique d'un sport peut se révéler **traumatisante** pour les articulations. Courir avec des chaussures qui n'ont pas été conçues spécifiquement pour amortir les chocs peut occasionner de nombreuses blessures.

Les troubles fonctionnels

Pendant la course à pied, le tube digestif est très secoué, voire déréglé.

Chez les femmes, l'excès de sport peut provoquer des aménorrhées, des décalcifications précoces et perturber la fertilité.

Le sport peut entraîner des **handicaps irréversibles** (chute de cheval qui laisse tétraplégique) et conduit parfois à des accidents mortels (ski hors piste, navigateurs qui disparaissent en mer).

Il est donc indispensable d'avoir un **équipement de qualité** pour éviter les blessures et de doser l'effort fourni (échauffement et entraînement progressif).

2. Les dangers neuropsychologiques

- Le sport est **euphorisant**, sa « consommation » doit être raisonnée et adaptée à chacun (conduites proches de la dépendance : on ne peut plus s'en passer, c'est comme une drogue, et on consacre tout son temps, tout son argent à sa passion).
- Tomber dans le piège du **dopage** est fréquent et facile, car le sportif veut rester dans le coup, suivre ses partenaires, ne pas être écarté du groupe.

La prise de produits dopants pour moins ressentir la fatigue ou augmenter ses performances est de plus en plus fréquente de nos jours. Tous les milieux sont touchés (du sportif de haut niveau au sportif amateur).

- La pratique sportive nécessite une **alimentation particulière** : or il est très connu que les danseuses ont des conduites de type anorexique pour garder la ligne.
- La pression exercée par la compétition, le désir de se surpasser, est source de **stress**, d'**angoisses**.
- L'échec peut être très mal vécu et conduire à la **dépression**, au **suicide**…
- L'**arrêt du sport** peut être source de **perturbation** psychologique : problème de la reconversion des sportifs de haut niveau, mais aussi, si l'on devient handicapé, comment vit-on ce traumatisme ?

La pratique d'un sport doit se faire tout d'abord en choisissant le sport en fonction de ses capacités, ou incapacités, et en faisant faire un examen médical avant de s'engager dans une activité sportive.

Entraînement

❶ Quelles sont, à votre avis, les raisons qui amènent des sportifs de haut niveau à se doper ?

❷ En tant que futur aide-soignant, quels conseils donneriez-vous à une personne qui souhaite faire du sport ?

Corrigé

❶ Faire du sport n'empêche pas les conduites incohérentes vis-à-vis de la santé, ainsi les athlètes professionnels font-ils la une des journaux à cause du dopage. Quelles raisons évoquent-ils ?

Atteindre ce statut nécessite des prédispositions physiques, un esprit de battant, le dépassement de ses propres limites. L'exploit résulte d'efforts quotidiens et c'est à ce prix qu'ils occupent le devant de la scène et reçoivent des avantages financiers : salaires très élevés, primes, contrats publicitaires. Tout un commerce, avec des enjeux financiers considérables, se développe autour du sport professionnel : droits de retransmission sur les chaînes de télévision, apports financiers ou de prestations par des sponsors. De plus, le public souhaite voir du beau spectacle, des performances, des victoires.

Tous les espoirs, les engagements, les sollicitations qui pèsent sur leurs épaules amènent certains à utiliser des substances dopantes : amphétamines, anabolisants, corticoïdes, EPO, etc. Ces substances combattent la fatigue, la douleur, procurent à l'organisme des capacités supérieures (meilleure oxygénation, vasodilatation, etc.) qui favorisent les performances.

Ces pratiques illicites sont condamnables (loi du 23 mars 1999 relative à la protection de la santé des sportifs et à la lutte contre le dopage). Elles font du tort au milieu sportif, qui apparaît comme corrompu. Elles ne respectent pas les chances des adversaires qui, eux, ne se dopent pas. Les conséquences sur la santé de tels produits sont mal maîtrisées, mais l'on sait déjà que des athlètes féminines d'une trentaine d'années qui ont arrêté le sport ont des organismes de femmes de soixante-dix ans ! Enfin, une prise importante de produits peut rendre dépendant, diminuer l'espérance de vie, voire être cause de mort prématurée.

Le sportif de haut niveau incarne en principe des valeurs nobles comme le courage, la persévérance. Actuellement, il ne se passe pas une compétition de haut niveau sans que soit évoqué le dopage. Le sport, du fait des enjeux économiques, connaît de sérieuses dérives, et l'on peut s'interroger sur les effets possibles sur les jeunes sportifs amateurs et spectateurs en particulier, qui voient leurs « modèles » utiliser des produits illicites, et sur les nouveaux symboles que la société est en train de fabriquer : tricherie, non-respect des lois, etc.

❷ En tant que futur aide-soignant, il est important d'avoir un rôle éducatif et préventif. Aussi, conseiller une personne qui veut faire du sport est-il important pour qu'elle en tire des bénéfices et non qu'elle se retrouve aux urgences de l'hôpital.

Dans un premier temps, il est indispensable de rencontrer un médecin et de voir avec lui les contre-indications éventuelles, le sport qui convient le mieux, et le niveau de pratique que l'on doit avoir pour se faire du bien, mais ne pas entamer son capital santé. Puis il faut prendre une assurance qui couvre bien les dommages potentiels de la pratique du sport : on a beau être prudent, un accident peut toujours arriver.

Dans un second temps, il faut se pencher sur l'équipement. Quelle que soit l'activité physique, les chaussures, les vêtements, le matériel doivent être choisis avec soin et correspondre au niveau de pratique. Il faut acheter du matériel de qualité (chaussures adaptées qui ne blessent pas les pieds mais aussi qui protègent des microtraumatismes liés aux vibrations).

Enfin, la reprise d'un sport nécessite d'avoir les conseils d'un professionnel, qui établira un programme comprenant un échauffement, la séance avec un objectif, et enfin un temps d'étirements et de récupération. Il est indispensable de rester à l'écoute de son corps et d'adapter son activité.

La progression dans le sport doit être également programmée, car il faut avant tout que le sport reste un plaisir et apporte du bien-être.

Conseil du formateur

Quand on rédige une réponse, on utilise de préférence une tournure de phrase « affirmative » plutôt que négative.
Exemple : « Il ne faut pas oublier d'aller voir le médecin » est une formulation plus lourde que « il est indispensable d'aller voir un médecin ».
Attention ! si vous utilisez une négation, n'oubliez pas l'adverbe « ne ».
Exemple : « Il faut pas oublier » n'est pas correct; « il ne faut pas oublier ».

FICHE 5 L'obésité infantile

Définitions

L'obésité se caractérise par un excès de masse adipeuse. Elle se détecte par le poids mais surtout par l'indice de masse corporelle (IMC).
L'IMC se calcule à partir du poids et de la taille.

$$IMC = \frac{\text{poids (kg)}}{\text{taille}^2\text{ (m)}}$$

Si l'indice obtenu est :
20 : normal
20 > 25 : surcharge pondérale
> 25 : surpoids
> 30 : obésité
> 40 : obésité morbide

1. Quelques chiffres

Le surpoids et l'obésité constituent un problème majeur de santé.
18 % des petits français sont en surpoids ou obèses.
Entre 5 et 7 ans, 9,7 % des filles et 7,3 % des garçons sont en surpoids, et 3,8 % des filles et 3,1 % des garçons sont atteints d'obésité.

2. Pour quelles raisons les enfants prennent-ils du poids ?

L'alimentation et le mode de vie sont les premiers accusés.

- **L'alimentation :** une alimentation riche en graisse, en sucre. Sont mis en accusation les gâteaux, les céréales, les boissons sucrées, les chips, etc., qui sont consommés en quantités trop importantes.
- **Le grignotage :** il accompagne souvent les activités sédentaires. L'enfant grignote devant la télévision, en voiture, devant l'ordinateur.
- **La sédentarité :** voiture, ascenseur, télévision, ordinateur, console de jeux, autant de moments de la journée où l'enfant est statique et sans activité physique.
- Dans certaines familles, peuvent entrer en jeu des facteurs héréditaires, voire génétiques.
- Certaines maladies métaboliques, endocriniennes peuvent générer des prises de poids.
- Certains médicaments comme les antiépileptiques, les corticoïdes, les psychotropes peuvent en effets secondaires favoriser le surpoids.

Les enfants ne deviennent pas obèses du jour au lendemain. Généralement, ils prennent du poids progressivement et l'entourage ne s'en aperçoit pas forcément.

3. Les mesures de lutte

La prévention

La Journée européenne de lutte contre l'obésité s'est déroulée le 18 mai 2018.

- **Le programme EPODE**

Ce programme de prévention initié par l'association « Fleurbaix Laventie Ville Santé », lancé en janvier 2004 dans 10 villes pilotes en France, a pour objectif d'aider les familles à modifier en profondeur et durablement leur mode de vie par :
- une alimentation équilibrée, diversifiée, abordable et plaisante ;
- la pratique d'activités physiques pour tous, intégrées dans le quotidien ;
- l'encouragement à développer un environnement local favorable à ces bonnes habitudes.

- **Le programme national nutrition santé (PNNS) 2016-2020**

Les objectifs de ce programme sont regroupés en quatre axes :
- Réduire l'obésité et le surpoids dans la population.
- Augmenter l'activité physique et diminuer la sédentarité à tous les âges.
- Améliorer les pratiques alimentaires et les apports nutritionnels notamment chez les populations à risque.
- Réduire la prévalence des pathologies nutritionnelles (dénutrition, troubles du comportement alimentaire).

L'amendement du 27 mars 2015 inscrit le petit déjeuner comme un axe stratégique de ce plan.

- **Le Plan national sport santé bien-être (SSBE)**

Les agences régionales de santé (ARS) et les directions régionales de la jeunesse, des sports et de la cohésion sociale (DRJSCS) sont chargées de :
- favoriser les activités physiques et sportives de loisir ;
- développer la pratique d'activités physiques et sportives pour les personnes prises en charge dans les établissements sociaux et médico-sociaux ;
- développer la pratique d'activités physiques et sportives pour les personnes atteintes de pathologies chroniques et métaboliques (obésité, diabète).

- **Le Programme national pour l'alimentation (PNA)**

Il a pour but de :
- faciliter l'accès à tous à une bonne alimentation ;
- développer une offre alimentaire de qualité (circuits courts de distribution) ;

– favoriser la connaissance et l'information sur l'alimentation (les classes du goût) ;
– promouvoir le patrimoine alimentaire et culinaire.

• Une nouvelle **charte** visant à promouvoir une alimentation et une activité physique favorables à la santé **dans les programmes et les publicités diffusés à la télévision** a été signée le 21 novembre 2013 au Conseil supérieur de l'audiovisuel (CSA). Elle est entrée en vigueur le 1er janvier 2014.

Les bonnes habitudes

• **L'alimentation :** il s'agit d'équilibrer les repas en diminuant les apports de sucres et de graisses (exemples : manger du pain au lieu de gâteaux au goûter, boire de l'eau au lieu du soda).
Éviter le grignotage, mais répartir l'apport de nourriture sur quatre repas (avec un goûter).
Varier la nourriture, et qu'elle comprenne des fruits et légumes.

• **L'activité physique :** il est indispensable de bouger davantage (aller à l'école à pied, prendre les escaliers et non les ascenseurs, courir, marcher, faire du sport, cela augmente les dépenses énergétiques).

• **L'environnement familial :** il faut limiter les achats de biscuits, bonbons et boissons sucrées pour l'ensemble de la famille.
Apprendre à l'enfant à manger à table (moment convivial, sans télévision), à manger lentement, à développer son goût.

Entraînement

❶ Quelles conséquences peuvent avoir l'obésité sur les jeunes dans leur vie actuelle et future ?

❷ Que pensez-vous de l'intérêt de sensibiliser les enfants à une alimentation équilibrée ?

Corrigé

❶ L'obésité a de nombreuses répercussions sur le plan physique, psychique, affectif et social, tant pendant l'enfance qu'à l'âge adulte.
Quel que soit l'âge, l'obèse souffre de son surpoids, il a du mal à se mouvoir, à courir, à faire une activité physique, car il se fatigue vite, s'essouffle... Ses articulations s'usent plus vite,

son capital santé est amoindri (en moyenne 12 ans d'espérance de vie en moins). L'obésité est un facteur déterminant de nombreuses maladies.
La personne obèse a une image détériorée d'elle-même, rejette son corps qu'elle trouve laid, elle se dégoûte et culpabilise. Cette mésestime de soi est renforcée par les difficultés qui peuvent être rencontrées : moqueries, regards, paroles blessantes, ce qui peut la conduire à un état dépressif, à s'isoler. Du fait qu'elle se replie sur elle et son problème, sa vie affective est pauvre : peu d'amis, difficulté à rencontrer un partenaire, à avoir une vie de couple, à fonder une famille.
Au quotidien, la personne obèse, comme les personnes handicapées, est confrontée à des problèmes : difficulté à trouver des vêtements à sa taille, selon son goût, des chaussures, à trouver un siège à sa taille dans les transports, etc.
Trouver un emploi peut se révéler compliqué : certains postes sont incompatibles avec cette maladie, car trop pénibles physiquement. Les employeurs préfèrent embaucher des personnes qui paraissent en bonne santé, car ils redoutent les arrêts de travail, que l'image de l'entreprise en souffre. La personne obèse est victime de discrimination à l'embauche, mais aussi quand elle est en poste : les médias relatent régulièrement la pratique de licenciements abusifs.
On peut également s'inquiéter pour les générations à venir, puisqu'à côté des facteurs environnementaux d'apparition de cette maladie, on ne peut occulter les facteurs héréditaires et familiaux.
Les conséquences de l'obésité sont si diverses et extrêmes que cette maladie doit maintenant être considérée comme l'un des grands problèmes de santé publique négligé de notre époque, dont l'impact sur la santé pourrait bien se révéler aussi grave que celui du tabagisme.

❷ Pour lutter contre l'obésité en France, le gouvernement à mis en place le troisième « programme national nutrition santé ».
Ce plan tend à sensibiliser les Français sur le fait qu'une bonne hygiène de vie repose sur une alimentation équilibrée et sur la pratique d'une activité physique. La prévention de l'obésité passe par l'acquisition de bonnes habitudes dans l'enfance, qui perdureront à l'âge adulte.
Les enfants, qui sont en période de croissance, sont très soucieux de leur taille et de leur poids (ils se comparent entre eux) et une surveillance régulière les rassure sur le fait qu'ils grandissent de manière harmonieuse sur ces deux tableaux. Un rapport de confiance doit donc s'établir entre l'enfant et son médecin traitant, ce dernier pouvant déceler très vite les difficultés (prise ou baisse de poids anormale) et entamer un dialogue, pointer les anomalies et donner les conseils adéquats.
Les enfants fréquentent rapidement d'autres lieux, comme la crèche, l'école, et sont amenés à fréquenter des cantines. Là encore, ils sont confrontés à d'autres manières de cuisiner et à d'autres produits. Ils peuvent donc avoir des repas équilibrés composés par des diététiciens (un gros effort a été fait dans ce sens) et découvrir des plats étrangers et variés (semaine du goût).
Il faut également leur apprendre à cuisiner (ateliers cuisine dans les écoles) pour éviter d'acheter des plats cuisinés tout prêts qui, on le sait, sont très salés et gras.

Les enfants sont réceptifs aux messages publicitaires et influencent les achats quand ils participent aux courses avec leurs parents. Ils peuvent ainsi jouer un rôle positif en faisant l'achat de céréales, de pain, plutôt que de gâteaux, pour le petit déjeuner ou le goûter.
Une alimentation équilibrée n'est pas suffisante, il faut aussi éliminer les calories emmagasinées, or majoritairement, les enfants vivent en ville et, comme les adultes, ont de moins en moins de dépenses physiques, les parents les déposent en voiture à l'école, ils habitent dans des immeubles et prennent l'ascenseur, restent devant la télévision, en grignotant, parce qu'ils sont seuls en attendant le retour des parents. Le soir, ils jouent avec leurs consoles de jeux ou sont devant leurs ordinateurs. Les moyens de se dépenser se font de plus en plus rares. Il est donc important de leur montrer l'exemple en prenant les escaliers, en allant à pied faire les courses, à l'école (expérience des pédibus) et bien sûr avoir une activité sportive.
Sensibiliser les enfants à une alimentation équilibrée est indispensable, car l'obésité infantile prédispose à l'obésité de l'adulte. 70 à 80 % des enfants obèses à 10 ans le restent à l'âge adulte, alors que 10 % des enfants de poids normal deviennent des adultes obèses. Or l'obésité est un déterminant majeur de nombreuses maladies (problèmes cardio-vasculaires, diabète, troubles du squelette) et a un fort retentissement psychologique.

FICHE 6 La dépression de l'adolescent

Les sentiments dépressifs modérés et transitoires chez les jeunes de 12 à 18 ans sont courants (30 à 45 % en souffrent). Mais ils peuvent aussi revêtir la forme d'un épisode dépressif caractérisé (EDC) (prévalence 14 %).

1. La définition

Le jeune qui souffre de dépression ressent pendant au moins deux semaines, presque tous les jours et durant presque toute la journée, un état inhabituel de tristesse, de désintérêt, de déplaisir, accompagné des signes caractéristiques.

2. Les symptômes

Les signes se situent à plusieurs niveaux :

Physique	Fatigue (tension, raideur musculaire) Gestes (ralentissement ou agitation) Troubles du sommeil (insomnie, hypersomnie) Troubles alimentaires (boulimie, perte d'appétit) Changement du poids (perte, prise) Divers malaises (mal de tête)
Psychique	Découragement (j'en ai marre) Sentiment de dévalorisation (j'suis nul) Changement d'humeur (pleurs, extraversion, opposition) Pensées négatives (idées de mort, de suicide)
Affectif	Recherche de solitude Sentiment de rejet, d'être incompris Tristesse Anxiété
Intellectuel	Difficulté de concentration Difficulté à penser Baisse des résultats scolaires

La dépression peut être lourde de conséquences : échec scolaire, risque accru de consommation de substances comme les médicaments, les drogues, l'alcool, et suicide.

3. Quelle aide apporter aux adolescents ?

Cette maladie est sérieuse. Sans soins elle risque d'empirer et le jeune risque de se mettre en danger. Il est donc nécessaire d'envisager une prise en charge thérapeutique.

- La **psychothérapie individuelle**, qui peut permettre au jeune l'exploration de sa douloureuse situation, de comprendre ce qui le préoccupe, et les enjeux dans ses relations.
- La **thérapie comportementale**, qui permet de modifier les comportements et les pensées négatives. Le thérapeute aide le patient par le biais de jeux de rôle à reprendre confiance en lui.
- La **thérapie familiale** permet aux différents membres de la famille de s'exprimer et de voir le rôle et l'influence de chacun dans la dépression du sujet.
- La **psychanalyse** sera un « traitement de fond », car elle vise à faire ressurgir les traumatismes enfouis dans l'inconscient et qui s'expriment sous forme de dépression.
- L'**hospitalisation** sera envisagée si la dépression est grave, elle permettra au jeune de se concentrer sur les soins.
- Les **antidépresseurs** peuvent soulager quelques symptômes, à court terme, mais ils sont déconseillés chez les jeunes de moins de 18 ans, du fait du risque non négligeable de passage à l'acte (auto et hétéro-agressif) et des idées suicidaires. Leur prescription nécessite un suivi (recommandation de l'Agence européenne du médicament [EMEA] et de l'Agence française de sécurité sanitaire des produits de santé [AFSSAPS]).

4. Les recommandations de la Haute Autorité de Santé (HAS)

Les jeunes qui souffrent de sentiments dépressifs ne demandent pas d'aide et se replient sur eux-mêmes. La Haute Autorité de Santé a élaboré un ensemble de recommandations sous forme de fiches destinées aux professionnels de premier recours (généralistes, infirmiers et médecins scolaires, pédiatres, urgentistes, gynécologues) pour :

- repérer plus précocement l'épisode dépressif et la dépression ;
- améliorer l'accompagnement du patient et de son entourage ;
- améliorer la prise en charge et l'orientation initiale des patients ;
- prévenir la crise suicidaire.

Elle souligne la gravité potentielle de l'épisode dépressif non détecté :
- des répercussions sur le développement et le fonctionnement jusqu'à l'âge adulte ;
- des complications physiques et psychiatriques ;
- le suicide.

Entraînement

❶ Déprime ou dépression, comment les distinguer ?

❷ Quels sont les facteurs propices à l'apparition de la dépression chez les jeunes ?

Corrigé

❶ Pas toujours facile d'être de bonne humeur, d'être en forme quand on est un adolescent. Une dispute avec les parents, avec une copine, un résultat scolaire décevant, autant de contrariétés qui viennent assombrir la vie et c'est la déprime.

La déprime a tendance à nous envahir quand les situations ne nous conviennent pas. L'adolescent est perturbé, mais il suffit d'une bonne nouvelle pour que cela passe.

Quand on n'a pas le moral, il suffit de se prendre par la main : sortir, rencontrer des amis, partir en week-end. Des paroles réconfortantes, et l'optimisme revient. Il ne faut surtout pas s'installer dans un état de déprime car peut alors s'installer la dépression.

La dépression correspond à une atteinte du moral, mais à laquelle s'ajoute des troubles physiologiques, comme des troubles alimentaires ou du sommeil.

Dans tous les cas, si une cassure dans le comportement habituel de l'adolescent est repérée, il est important d'y accorder de l'intérêt, de rester vigilant et d'intervenir avant qu'il ne glisse dans une situation plus grave.

Conseil du formateur

Dans une question où l'on vous demande les causes, pensez à ce qui vient :
- **de l'environnement :** la société et ses influences, les médias, les groupes fréquentés (école, entreprise, cercle amical, loisirs) ;
- **de la famille :** génétique, hérédité, culture, modèle ;
- **de l'individu :** physiologie, psychologie.

❷ Il n'y a pas de réponse simple pour expliquer l'apparition de la dépression, car plusieurs facteurs peuvent jouer un rôle.

Tout d'abord, il peut être évoqué les antécédents familiaux : certaines familles transmettent de manière héréditaire une fragilité qui les conduit à la dépression. Un jeune peut avoir une vulnérabilité psychologique, par exemple un jeune dépendant de son entourage familial risque de ressentir de l'anxiété et se sentir mal s'il doit s'en éloigner et faire des études loin de chez lui.

Ensuite, des événements traumatiques liés à la vie, comme un décès, les conflits parentaux, les séparations, des mauvais traitements, un chagrin d'amour, sont autant de situations qui peuvent causer des symptômes de la dépression.

Enfin, des bouleversements physiologiques comme un déséquilibre hormonal ou une infection, ainsi que la prise de toxiques (alcool, drogue), mais aussi les changements de saisons agissent sur l'humeur et donc génèrent chez des personnes fragiles la dépression.

Tout le monde possède un certain nombre de facteurs de « risque ». Plus un jeune présente de facteurs de risque, plus il éprouve du stress et plus la dépression est possible.

Le handicap

Le droit à compensation des conséquences des handicaps constitue l'innovation principale de la **loi du 11 février 2005** « pour l'égalité des droits et des chances, la participation et la citoyenneté des personnes handicapées ».

Définitions

- **Le handicap :** *« constitue un handicap, au sens de la présente loi, toute limitation d'activité ou restriction de participation à la vie en société subie dans son environnement par une personne en raison d'une altération substantielle, durable ou définitive d'une ou plusieurs fonctions physiques, sensorielles, mentales, cognitives ou psychiques, d'un polyhandicap ou d'un trouble de santé invalidant »* (art. L. 114 de la loi du 11 février 2005).
- **La déficience :** toute perte ou trouble des structures ou fonctions psychologiques, physiologiques ou anatomiques.
- **Le désavantage** subi sur le plan social ou empêchant l'accomplissement du rôle normalement exercé par cette personne en fonction de son âge, son sexe et des considérations sociales et culturelles.
- **L'incapacité :** toute restriction due à une infirmité empêchant une personne de mener une activité de la façon ou dans les limites considérées comme normales pour un être humain.

La politique en faveur des personnes handicapées est une préoccupation politique du XXe siècle. La loi du 30 juin 1975 a mis en avant l'intégration des personnes handicapées comme une obligation pour les pouvoirs publics.

1. Les objectifs de la loi du 11 février 2005

- La personne handicapée à un **droit à compensation** (aide humaine et technique).
- La **scolarisation** d'un enfant handicapé doit se faire dans l'établissement scolaire le plus proche de son domicile.
- La loi prévoit des incitations pour l'**emploi** des personnes handicapées, et des sanctions alourdies pour faire respecter ce droit.
- Le renforcement de l'**accessibilité** des espaces publics, des transports, et des bâtiments neufs.

- La **simplification des démarches** par la création de la MDPH (maison départementale des personnes handicapées), qui comporte un pôle adulte et un pôle enfant.

2. L'échéance de 2015 et les mesures supplémentaires

L'échéance du 1er janvier 2015 pour l'accessibilité des lieux publics n'étant pas suivie d'effets, différentes dispositions ont été prises :
– la circulaire du 21 mai 2015 relative à la mise en accessibilité des établissements recevant du public, des transports publics, des bâtiments d'habitation et de la voirie pour les personnes handicapées;
– le décret du 24 décembre 2015 (consolidé le 21 avril 2018) qui simplifie les normes d'accessibilité dans les constructions d'habitation;
– le décret du 28 mars et l'arrêté du 19 avril 2017 instaurent le registre public d'accessibilité qui doit être élaboré par chaque exploitant d'un établissement recevant du public (liste des prestations fournies, liste des pièces administratives et techniques, description des actions de formation des personnels chargés de l'accueil des personnes handicapées).

Le plan autisme 2018-2022

Ce quatrième plan met la priorité sur :
– un diagnostic plus précoce;
– un renforcement de la scolarisation de la maternelle jusqu'au lycée;
– un repérage et un diagnostic des adultes autistes dans les services long séjour des hôpitaux psychiatriques;
– un repérage des adultes ayant des troubles autistiques pour les accompagner vers l'emploi;
– une amélioration des formations initiales et continues des professionnels de santé et des travailleurs sociaux;
– une aide aux familles par la création d'une « plateforme de répit » par département qui permettra des gardes temporaires d'enfants ou d'adultes autistes;
– un soutien de la recherche sur les troubles neuro-développementaux.

Le 2 avril 2018 a eu lieu la Journée mondiale de sensibilisation à l'autisme.

Entraînement

❶ Selon vous, quels peuvent être les bienfaits de l'intégration scolaire d'un élève handicapé ?

❷ Les entreprises en France préfèrent payer des taxes plutôt que d'engager des personnes handicapées. Commentez et expliquez.

Corrigé

❶ Dès l'âge de trois ans, tout enfant handicapé peut être scolarisé dans l'école de son quartier. Un projet personnalisé de scolarisation est mis en place pour répondre à ses besoins, des mesures d'accompagnement peuvent être décidées (commission des droits et de l'autonomie) : auxiliaire de vie, matériel scolaire/informatique particulier. L'enfant peut bénéficier d'un enseignement adapté en primaire au sein d'une classe d'intégration scolaire (CLIS) ou au collège et au lycée en unité localisée pour l'inclusion scolaire (ULIS).
Un établissement scolaire accessible par des jeunes en fauteuil roulant (rampe d'accès, ascenseurs, largeur des portes) facilite la vie de tous. Nombreux sont les élèves qui connaissent temporairement le handicap (entorses, fractures, tendinites qui obligent l'usage de béquilles) et puis l'accueil et la participation des parents handicapés sont facilités.
En outre, l'apprentissage des enfants handicapés nécessite une adaptation de l'enseignement et des méthodes pédagogiques, ce qui peut profiter aux enfants en difficulté.
De plus, les enfants avec et sans handicap se côtoyant dès le plus jeune âge bénéficient d'une socialisation dans le respect de l'autre dans sa différence et modifie le regard sur le handicap.
Enfin, l'enfant handicapé doit s'adapter et répondre aux exigences de l'environnement et de la société, ce qui est stimulant pour lui.
La loi du 11 février 2005 affirme le principe de la scolarisation « classique » mais il ne faut pas oublier les 20 à 30 000 enfants d'âge scolaire qui ne bénéficient encore d'aucun accueil en milieu ordinaire ou protégé.

Conseils du formateur

- Dans votre fiche par thème, inscrivez des chiffres clés que vous pourrez remettre dans votre écrit. Ce sera la preuve de vos connaissances sur le sujet.
- Pour avoir des informations sur l'emploi des personnes handicapées il faut consulter le site www.agefiph.fr

❷ La loi de 1987 [obligation faite aux entreprises de plus de vingt salariés d'employer 6 % de travailleurs handicapés ou de sous-traiter avec les structures d'emplois protégés ou de verser une contribution au fonds de solidarité (Agefiph)] fait de l'accès à l'emploi une « obligation nationale ». Celui-ci reste problématique, et des actions doivent être engagées : 20 % des entreprises assujetties à l'obligation d'emploi n'emploient aucun travailleur handicapé. 7 % d'entre elles se déchargent de leur obligation en versant la taxe à l'Agefiph.

L'État devrait prendre des mesures pour que les entreprises privées et publiques respectent la loi.

Les salariés qui, pour raison de santé ne peuvent plus exercer leur profession, devraient être soutenus pour leur reclassement, ou l'aménagement de leur poste.

Il faut promouvoir la formation professionnelle, dans des secteurs porteurs, car les employeurs veulent des employés formés et compétents.

Les contrats aidés (contrat initiative emploi, etc.) doivent être renforcés, et les procédures administratives allégées.

Les organismes officiels comme l'Agefiph, pôle emploi, mais également les associations, devraient intensifier l'information auprès des employeurs, concernant les diverses dispositions concernant les handicapés (exonération de charges, subvention, financement des aménagements de poste de travail, etc.).

Enfin, il faut par tous les moyens, dès l'école, par des spots publicitaires « modifier le regard sur le handicap » car ce sont les préjugés d'incapacité, d'incompétence, de non-production, de non-performance qui perdurent et entravent l'embauche des personnes handicapées.

Les travailleurs handicapés sont les premières victimes de la récession économique et des discriminations à l'embauche, et leur embauche dépend de nombreux facteurs, il paraît prioritaire de leur offrir « une place digne » dans la société.

Conseil du formateur

Notez sur un calendrier les dates importantes de l'actualité et lisez la presse.
Exemple : **La 4e Conférence nationale du handicap s'est déroulée le 19 mai 2017. La prochaine se tiendra en mai 2018.**

FICHE 8 La maladie d'Alzheimer

En 1911, le psychiatre Emil Kraepelin propose que la maladie porte le nom d'Alzheimer, du nom du médecin Aloïs Alzheimer qui décrivit en 1907, pour la première fois, les altérations anatomiques observées sur le cerveau d'une patiente.

La maladie d'Alzheimer est une maladie **neuro-dégénérative du tissu cérébral**.
Elle se rencontre plus souvent chez les personnes de 65 ans et plus, mais elle peut aussi apparaître à un plus jeune âge.
L'origine en est inconnue, mais des hypothèses sont évoquées comme l'**exposition aux métaux lourds** (mercure) ou des **mutations génétiques**.
Par contre, deux formes distinctes de la maladie sont repérées : une **forme** familiale rare, **héréditaire**, et la **forme sporadique**.

1. Les symptômes

- **Amnésie** : au départ, les pertes de mémoire concernent les événements récents, et progressivement elles s'étendent.
- **Actes de la vie courante** : difficulté à les exécuter, comme se coiffer, préparer un repas.
- **Langage** : oubli de mots faciles, ou bien la personne substitue un mot à un autre ce qui rendra difficile la conversation et bien sûr sa compréhension.
- **Désorientation :** la personne est perdue dans le temps, mais aussi dans l'espace (ne retrouve plus sa rue, sa maison).
- **Jugement :** la personne a du mal à évaluer une situation, elle ne va pas se reconnaître malade, mais elle peut également sortir sans manteau en plein hiver, ou avoir des pulls en plein été.
- **Notions abstraites :** difficulté à comprendre le sens d'un chiffre, à faire des opérations.
- **Perte d'objet** : la personne range des objets dans des endroits inappropriés et les oublie (un porte-monnaie dans un réfrigérateur).
- **Troubles du comportement :** l'humeur change rapidement, sans raison apparente. La personne passe du calme à la colère, du rire aux pleurs.

La personne change de caractère, elle devient plus renfermée, confuse, méfiante, peureuse, apathique (comportements inhabituels).
Enfin elle devient plutôt passive, et l'entourage doit la solliciter pour qu'elle fasse une activité (faire le ménage, mettre la table).

2. Les aidants familiaux

La maladie d'Alzheimer bouleverse la vie de la personne qui en est atteinte, mais également celle de tout son entourage (conjoints, enfants, compagnons, proches, etc.). L'accompagnement devient au quotidien, une lourde charge.

Une charge psychologique

Avant le diagnostic, la plupart des familles prennent conscience du changement de leur proche, et un sentiment d'inquiétude naît car l'appréhension de la maladie grave est présente.
L'annonce du diagnostic est un choc. Ensuite la famille va essayer de faire face, de réorganiser sa vie, de voir les différentes possibilités qui s'offrent à elle. Elle va essayer d'apprendre à vivre avec les troubles que va présenter le malade. Et puis elle va traverser une phase de résignation, car il n'existe aucun traitement pour vaincre la maladie. Et enfin une phase de soulagement par le fait de savoir, qui peut apporter de la sérénité.
Le quotidien est difficile, car l'entourage va voir la personne perdre tout repère, perdre toute communication, et l'évolution, même si elle peut être ralentie, est décourageante.
Les complications de la maladie dépassent très rapidement les capacités de l'aidant, surtout s'il s'agit du conjoint lui-même âgé. Même avec la meilleure volonté du monde, il ne pourra pas toujours répondre à tout.

L'intérêt du malade

Il est préférable que le malade reste dans son environnement familier le plus longtemps possible. Dans son cadre habituel il sera apaisé et conservera des repères. On peut prévoir des activités simples (marche, visite) et ne pas corriger le malade s'il se trompe (situation stressante, angoissante).

La protection du malade

L'autonomie du malade doit être préservée dans un environnement sécurisé (retirer les tapis, les meubles instables ou qui peuvent gêner les déplacements). Une surveillance est indispensable par rapport à la prise des médicaments et pour éviter les fugues.

3. Les mesures

Le plan maladies neuro-dégénératives 2014-2019

L'ambition de ce plan est de faire mieux pour les malades mais aussi pour les aidants en menant une stratégie en quatre axes.

- **Soins et accompagnement** en favorisant :
  - un diagnostic de qualité ;
  - une évaluation globale de la situation et garantir l'accès à un programme personnalisé de soins ;
  - l'accès à des soins de qualité tout au long de la vie avec la maladie.
- **Adaptation de la société aux enjeux des maladies neuro-dégénératives**
  - en facilitant la vie avec la maladie au sein de la société ;
  - lutte contre l'isolement en favorisant le lien social et de proximité ;
  - soutien des proches aidants familiaux ;
  - maintien des malades jeunes dans le parcours professionnel pour atténuer les conséquences économiques de la maladie.
- **Développement et coordination de la recherche sur les maladies neuro-dégénératives.**
- **Le plan, véritable outil de pilotage des politiques publiques.**

La loi relative à l'adaptation de la société au vieillissement

Elle est tournée vers l'autonomie, prévoyant un droit au répit pour les aidants, et elle s'attache au financement des actions de proximité (APA).

Entraînement

❶ D'après vos connaissances y a-t-il des moyens pour prévenir l'apparition de la maladie d'Alzheimer ?

❷ 36 % des aidants aux personnes atteintes de maladie d'Alzheimer décèdent avant les patients. Que vous inspire ce constat ?

Corrigé

❶ Les connaissances médicales actuelles sur la maladie d'Alzheimer ne permettent pas de connaître les causes de cette maladie, et donc il est difficile d'en faire la prévention. Certaines mesures d'hygiène de vie qui peuvent ralentir le vieillissement et préserver les facultés physiques et cognitives peuvent être conseillées.

Tout d'abord il est évident qu'une alimentation équilibrée, riche en vitamines C et E, comprenant des fruits, des légumes, du poisson améliore l'espérance de vie, et l'on réduit l'apparition d'hypertension, d'hypercholestérolémie. Ce type d'alimentation est riche en antioxydants, qui réduisent les effets des radicaux libres sur les neurones. Il faut également privilégier les vitamines.

Il est indispensable de garder une activité physique et intellectuelle, car cela favorise le maintien et la croissance des connexions entre les neurones et cela retarderait l'apparition de la maladie.

Enfin, il paraît intéressant dans la mesure du possible de vivre dans un environnement le moins pollué possible, car l'on sait que l'exposition à certains métaux lourds comme le mercure sont néfastes pour la santé (exemple : des caries traitées avec des amalgames mercuriels).

Bien qu'il n'y ait pas de réelle méthode de prévention, il est de toutes les façons positif de prendre soin de soi, pour vieillir avec la meilleure santé possible.

❷ Comment peut-on expliquer que 36 % des aidants aux personnes atteintes de la maladie d'Alzheimer décèdent avant les patients ?

La maladie d'Alzheimer touche majoritairement des personnes âgées, au-delà de 65 ans. Le conjoint de ces malades est bien évidemment du même âge, voire plus âgé. Il n'est donc pas étonnant qu'il y ait un taux de décès important dans l'environnement des personnes atteintes d'Alzheimer.

La maladie d'Alzheimer entraîne des troubles du comportement, et cela nécessite une surveillance de tous les instants, de jour comme de nuit. L'aidant est soumis à une fatigue accrue par le manque de sommeil, la charge de la personne malade, ce qui peut accroître ses propres problèmes de santé et le mener à une fin de vie plus rapide.

La charge psychologique de la personne atteinte d'Alzheimer peut générer une fragilité chez l'aidant, qui peut être victime de ce fait d'une infection éventuellement fatale (Il est possible de mourir d'une grippe). N'ayant aucun espoir de guérison pour la personne atteinte d'Alzheimer, et étant confronté quotidiennement au mal-être, au manque de communication, l'aidant familial peut à son tour sombrer dans la mélancolie, la dépression et souhaiter mettre fin à ses jours.

Il est donc important d'aider et de soutenir les aidants familiaux, qui assument une lourde charge tant physique que morale.

FICHE 9 Le travail rend malade

Santé et travail ne font pas bon ménage !
Les conditions de travail et la santé des travailleurs se dégradent : augmentation des maladies professionnelles, des accidents du travail graves et mortels, invalidité.

Le code du travail reconnaît trois situations qui permettent une « réparation » : la maladie professionnelle (48 762 et 382 décès), l'accident du travail (626 227 et 514 décès) et l'accident de trajet (88 903 et 254 décès)[1].
En France, où près de deux personnes meurent chaque jour à cause d'un accident du travail, une prise de conscience de cette problématique est indispensable.
Les salariés se trouvent confrontés à beaucoup de difficultés pour faire reconnaître la maladie comme « maladie professionnelle ».

1. Les maladies professionnelles

- La maladie est considérée comme maladie professionnelle si elle est la conséquence de l'exposition d'un travailleur à un risque (physique, chimique, biologique) ou celle de conditions de travail particulières.
- Les maladies professionnelles sont prises en charge par la branche maladie de la Sécurité sociale, plus particulièrement le service accidents de travail et maladies professionnelles.
- La Sécurité sociale a établi des tableaux de maladies professionnelles. Le premier remonte à 1919, pour les maladies liées au plomb.
- À l'heure actuelle, les troubles les plus évoqués par les salariés sont les troubles musculo-squelettiques, les cancers et le stress.

2. Les troubles musculo-squelettiques (TMS)

- Les troubles musculo-squelettiques sont décrits dans le tableau 57 de la Sécurité sociale.
- Ces maladies touchent principalement le poignet, la main, les doigts, le coude, l'épaule. Nous pouvons citer quelques maladies : le syndrome du canal carpien, les tendinites, l'hygroma.
- Le syndrome du canal carpien est le plus connu il est la conséquence de :
  - mouvements répétitifs de la main ;
  - positions non naturelles de la main ;
  - préhension serrée ;

1. Chiffres de l'assurance maladie 2017 (sur l'année 2016).

– stress mécanique exercé sur la paume des mains ;
– vibrations.

- Les salariés les plus touchés sont ceux dont le métier nécessite des cadences élevées, des postures pénibles, comme les caissiers(ères), coiffeurs(ses), opérateurs de machine, les boulangers, etc.
- Il est possible de prévenir l'apparition des TMS avec l'intervention d'un ergonome, qui après une étude des postes de travail mettra au jour les facteurs de risque et proposera des solutions.

3. Les cancers

Une vingtaine de cancers sont répertoriés par la caisse d'assurance maladie dans différents tableaux. Voici quelques exemples :

N° du tableau	Maladies professionnelles (cancers)
6	Affections provoquées par les rayonnements ionisants
16 *bis*	Affections cancéreuses provoquées par les goudrons de houille, les huiles de houille, les brais de houille et les suies de combustion de charbon
20 *bis*	Cancer bronchique primitif par inhalation de poussières ou de vapeurs arsenicales
30 *bis*	Cancer bronchique primitif par inhalation de poussières d'amiante
61 *bis*	Cancer broncho-pulmonaire primitif provoqué par l'inhalation de poussières ou fumées renfermant du cadmium

- Le cancer peut être considéré comme une maladie de notre temps. Il paraît évident que notre environnement joue un rôle non négligeable dans l'altération de notre organisme. Bien sûr, c'est la durée d'exposition aux facteurs de risque qui augmente la probabilité de développer un cancer (par exemple un menuisier exposé tous les jours à la poussière de bois a une forte probabilité de développer un cancer de l'ethmoïde). On peut évoquer le scandale de l'amiante, qui fera d'ici à 2020 plus de 100 000 victimes, car les dangers de ces fibres sont connus depuis le début du XXe siècle, mais l'interdiction d'utilisation de ce minéral ne remonte qu'à 1997.
- Les industriels nient très souvent que les produits sont nocifs, d'autant plus qu'il faut parfois plusieurs années avant que la maladie ne se manifeste.
- Le même débat commence concernant les pesticides et d'autres agents chimiques, qui peuvent d'ailleurs se combiner et se révéler dangereux pour les salariés (par exemple les agriculteurs).

4. Le stress, la fatigue psychologique

• Le stress au travail peut engendrer des troubles graves : il suffit de voir l'augmentation des arrêts pour dépression, le nombre impressionnant de psychotropes consommés et les vagues de suicides liés au travail ou sur les lieux de travail.

• Les plus exposés à ces situations sont :
- les salariés ayant des tâches peu valorisantes ;
- les salariés aux contraintes très importantes ;
- les salariés isolés (non soutenus par leurs collègues et/ou la hiérarchie) ;
- les cadres ;
- les femmes ;
- les plus âgés.

• Un syndrome d'épuisement professionnel ou *burn-out* a été décrit pour la première fois en 1969 par Loretta Bradley.

• Le *burn-out* (se consumer de l'intérieur) touche toutes les catégories professionnelles et peut atteindre chacun d'entre nous. Il touche, disent les auteurs, principalement les personnes dont l'activité professionnelle implique un **engagement relationnel important**, comme les travailleurs sociaux, les professions médicales, les enseignants, etc.

• Baisse d'attention, de concentration, oublis fréquents, troubles du sommeil, stress, fatigue, diminution de la rentabilité au travail, tels sont les **symptômes** du syndrome « d'épuisement émotionnel ».

• Afin de **lutter contre le *burn-out***, le salarié doit bien se connaître (ses limites, ses zones de fragilité), bien connaître ses attentes et savoir lutter contre le stress, afin d'éviter l'épuisement et la souffrance liés au travail.

• Au-delà d'une certaine limite, les travailleurs ne pensent plus à leur santé et, en laissant la peur les dominer, cela pousse les salariés à l'inhibition, à la fuite, voire au passage à l'acte désespéré : le suicide.

5. Le plan de santé au travail (PST) 2016-2020

Ce troisième plan est structuré autour de trois axes :
- incitation au développement de la prévention. La priorité est donnée à la prévention primaire ;
- amélioration de la qualité de vie au travail, levier de santé permettant le maintien des travailleurs dans l'emploi ;
- renforcement du dialogue social entre les entreprises et les acteurs de la politique de prévention.

Entraînement

❶ Bonheur et travail sont-ils compatibles ? Qu'en pensez-vous ?

❷ À partir de vos connaissances, développez deux mesures contribuant à l'amélioration des conditions de travail.

Corrigé

❶ Le bonheur semble devenir la préoccupation de notre société, chacun se fabriquant sa version personnelle (individualisme) à travers le développement personnel, le confort matériel, les loisirs, le travail. Mais, si le bonheur sous-entend plaisirs de la vie, le travail lui sous-entend contraintes, effort, pénibilité. Alors ces deux valeurs apparemment incompatibles peuvent-elles le devenir ?

Le travail ne paraît en rien être paradisiaque avec ses contraintes : des horaires qui ne correspondent pas au rythme biologique (les 3 x 8), le rythme de production d'une chaîne, la pénibilité d'un poste qui mène l'ouvrier à l'invalidité, au handicap (surdité dans les usines d'embouteillage) ou la maladie professionnelle (allergie des boulangers à la farine). Aux contraintes physiques, s'ajoutent les problèmes psychologiques, moraux : comment être serein quand on est policier, avec les risques potentiels d'être blessé, tué en service, mais également le mépris, les insultes parce que l'on porte un uniforme. Les responsabilités peuvent être lourdes à porter pour un chef d'entreprise dont la société se retrouve sans client, sans contrat, ou pour le chef de service qui doit atteindre un objectif ou gérer la pénurie de moyens…

À l'inverse, le travail est source de satisfaction. En premier lieu il donne au travailleur un statut social, il permet, par le biais de sa contrepartie qui est le salaire, de vivre et de réaliser ses envies (loisirs, voyages, confort, etc.). Le travail peut être lui-même la concrétisation d'un rêve et apporter épanouissement, reconnaissance sociale, plaisir de la création (un écrivain, un luthier, etc.), fierté du travail bien fait. Il est également source d'ouverture, par les relations professionnelles, la formation permanente, les séminaires, l'évolution des technologies, etc.

Bonheur et travail paraissent compatibles, à la condition d'effectuer un emploi choisi, pour lequel on est motivé, et dans lequel on pourra mettre en valeur ses compétences et ses qualités.

❷ Améliorer les conditions de travail est indispensable pour la santé des travailleurs.

- Étant donné que l'on voit se développer les TMS, l'étude des postes de travail par des ergonomes permettra aux salariés de moins souffrir, et les employeurs seront moins confrontés à l'absence pour raison de santé des salariés.

- Le coup de barre d'après repas est naturel, il correspond à notre « horloge biologique interne ». Une sieste au travail permet aux salariés de « recharger leurs batteries ». Avoir suffisamment de sommeil permet d'être plus performant, d'être plus rapide, d'être plus efficace et de meilleure humeur.

Certaines entreprises proposent des solutions pour concilier vie de famille et vie professionnelle, afin que les salariés aient l'esprit à travailler et non pris par des problèmes personnels.

- La « conciergerie d'entreprise » est un nouveau type de service qui permet aux salariés d'une société de trouver l'équilibre entre vie personnelle et professionnelle sans stress ni culpabilité. Elle règle à leur place des problèmes : un enfant malade à garder, des formalités administratives, etc.
- Certaines entreprises proposent des crèches : les employés arrivent et repartent de leur lieu de travail avec leurs enfants. C'est un bon moyen de fidéliser les jeunes employé(e)s et de les décharger de tous soucis, et pour l'entreprise d'avoir une bonne image de marque.

Autant de mesures optimisant les conditions de travail pour les salariés et les employeurs.

Bien d'autres réponses peuvent être données : la mécanisation, mais aussi les massages, les cours de gymnastique, des formations à la gestion du stress, une gestion des ressources humaines qui favorise les échanges, qui témoigne de la confiance et de la reconnaissance envers ses salariés, etc.

Remarques du formateur

– Vous devez respecter les consignes du texte (ex. : développer **deux** mesures).

– Dans les réponses fournies en corrigé, il y en a plus pour donner des pistes à approfondir aux candidats.

FICHE 10 Fin de vie : euthanasie

Vincent Humbert (2003) et Chantal Sebire (2008) se sont adressés au président de la République en demandant le droit de mourir, relançant le débat sur l'euthanasie. La situation de Vincent Lambert (2014) et le départ de l'auteur Anne Bert (2017) pour la Belgique relancent la problématique de la fin de vie.

1. Qu'entend-on par euthanasie ?

• **L'euthanasie** vient de *eu* et de *thanatos* (bien et mort), et correspond à une mort sans souffrance, une mort douce.

L'euthanasie active

Elle consiste à provoquer la mort d'une personne incurable, pour faire cesser les souffrances ou mettre fin à une longue et douloureuse agonie.
Elle suppose le geste d'un tiers qui administre à un malade une substance létale dans le but de provoquer la mort immédiatement.

L'euthanasie passive

Elle consiste à laisser des patients sans traitement, sans soins majeurs.
Le malade peut refuser tous soins.
Elle peut correspondre à l'arrêt du processus de réanimation, à l'interruption de l'alimentation ou de l'hydratation artificielle, ou à l'administration d'opiacées ou de sédatifs à haute dose, pouvant plonger le malade dans le coma et provoquer la mort au bout de quelques jours.

Le suicide assisté

Il s'agit d'une forme particulière d'euthanasie, qui consiste à fournir au malade des médicaments qu'il prend lui-même.

2. Que dit la loi en France ?

• **L'euthanasie active :** le nouveau code pénal (article 223-6) l'assimile à un homicide, et encourager activement une personne à mettre fin à ses jours constitue le délit de non-assistance à personne en danger.
• **L'euthanasie passive** résulte d'un arrêt ou d'une absence de soins conduisant inévitablement à la mort du patient. Autrement dit, c'est « laisser » mourir le patient.

Le code pénal considère que c'est un délit (art. 63) et parle « de non-assistance à personne en danger ».
La frontière entre l'euthanasie passive et « le droit au laisser-mourir » est mince.

- La loi du 2 février 2016 crée **de nouveaux droits en faveur des malades et personnes en fin de vie**.

Le patient peut exiger une « sédation profonde et continue jusqu'au décès » et ses directives anticipées deviennent « contraignantes ».

- **Le suicide assisté :** le tiers qui fournit les remèdes est également passible des tribunaux.

3. Le débat sur l'euthanasie

Quelques arguments en faveur

- L'acharnement thérapeutique retarde la mort, mais occasionne de grandes souffrances pour le malade qui paraissent inutiles et inhumaines.
- D'après le serment d'Hippocrate prêté par les médecins (prévu dans le code de déontologie), il est dit « Je ferai tout pour soulager les souffrances. Je ne prolongerai pas abusivement les agonies. »
- En milieu hospitalier, la décision est prise en équipe, et non par un seul médecin, ce qui limite les abus possibles.
- Les soins palliatifs sont à développer. Le plan de développement des soins palliatifs 2015-2018 a l'ambition de :

– mettre le patient au cœur des décisions qui le concernent par l'information et de lui garantir l'accès aux soins palliatifs ;
– favoriser les soins palliatifs à domicile et pour les résidents d'établissements ;
– former les professionnels et soutenir la recherche sur les soins palliatifs.

Quelques arguments contre

- Dans le serment d'Hippocrate il est dit aussi « Je ne provoquerai jamais la mort délibérément ».
- Il semble difficile de donner le pouvoir d'arrêter la vie aux médecins, dans un pays où la peine de mort est abolie.
- Des excès sont possibles de la part de certains médecins, du fait de la non-tolérance du handicap, des pressions économiques, familiales (hâter un héritage).
- Perte de confiance du malade en son médecin (met-il tout en œuvre pour que je guérisse ?).

- Les médecins sont des hommes qui peuvent faire des erreurs (diagnostic erroné).
- Les connaissances médicales évoluent, et une découverte peut tout changer.
- Les malades ne réagissent pas tous de la même manière, il peut y avoir des rémissions, des durées de vie étonnantes malgré la pathologie.
- L'euthanasie n'est-elle pas la porte ouverte à l'euthanasie génétique et aux dérives possibles : refus de l'anormalité, du handicap.

En conclusion, il serait souhaitable de développer la recherche médicale, afin de soulager les douleurs, d'apporter un soutien psychologique pour les patients en fin de vie. Le malade doit savoir que l'on tente tout pour le guérir, le soulager, le réconforter, et que l'équipe l'accompagne jusqu'à la fin. Développer les services de soins palliatifs paraît nécessaire car même si l'on ne peut plus se battre contre la maladie, il faut traiter l'inconfort, la douleur.
Il ne faut pas oublier que, en fin de compte, un patient déterminé à mourir mettra en échec les soins.

Entraînement

❶ La loi Claeys-Leonetti a été adoptée à l'issue de longs débats houleux. Elle ne constitue ni l'avancée décisive des partisans de l'euthanasie, ni un *statu quo* pour les partisans de la vie. Qu'en pensez-vous ?

❷ Est-ce au médecin que doit incomber la responsabilité de l'euthanasie ?

Corrigé

❶ La loi du 2 février 2016 crée de nouveaux droits en faveur des malades et personnes en fin de vie. Elle ne propose pas une aide active à mourir, et n'autorise pas l'euthanasie, mais soulève des réflexions.
La demande de sédation profonde et continue jusqu'au décès reste ambiguë.
Sa mise en place générera certainement des conflits d'interprétation, et des contentieux qui risquent de dégrader la confiance entre soignants et soignés.
Ces conflits vont venir renforcer les arguments des partisans de l'euthanasie qui considèrent que cette nouvelle loi est juste une étape avant la légalisation de l'euthanasie en France.
La sédation risque de créer des situations inextricables avec des patients qui, n'étant pas en toute fin de vie, vivront sous sédation et n'en finiront plus de mourir.

La loi pose le principe de directives anticipées écrites par la personne. Le médecin devra en tenir compte. 69 % des Français disent avoir réfléchi à ce qu'ils souhaiteraient en fin de vie, mais seulement 2,5 % l'ont formalisé par un écrit. Que se passera-t-il en cas d'urgence vitale ? Comment le personnel médical en aura connaissance ? Si le médecin juge que le patient n'est pas dans un état décrit par la loi, est-ce la volonté du patient ou du médecin qui prédominera ?

Le droit de ne pas souffrir avant de mourir, garantir une mort douce, ne se trouve peut-être pas dans un sommeil artificiel généralisé mais par une présence solidaire et en toute conscience avec les soignants et ses proches.

Comme la loi Leonetti de 2005, la loi du 2 février 2016 ne permettra pas un consensus entre les défenseurs de l'euthanasie et les conservateurs qui craignent une dérive « euthanasique ».

❷ Dans le débat sur l'euthanasie, est mise en cause la participation du médecin. Mais est-ce à lui de prendre cette responsabilité ?

Le médecin s'engage à soigner, voire guérir son patient, mais pas à le tuer. Or la question peut se poser à lui, face à un patient reconnu incurable ou en fin de vie, mais à aucun moment il n'a à prendre seul cette responsabilité.

Dans le cadre de la loi Leonetti de 2005, il est prévu une décision collégiale, et l'autorisation des proches ou du patient est nécessaire. Ceci est tout à fait en accord avec le serment d'Hippocrate : « Je ferai tout pour soulager les souffrances. Je ne prolongerai pas abusivement les agonies. »

Dans les pays où l'euthanasie est légalisée, elle est très encadrée, et le premier à prendre une décision, c'est le malade lui-même. C'est lui qui exprime sa volonté de mettre fin à sa vie.

Conseil du formateur

Face à un sujet aussi délicat, le candidat peut exprimer deux avis :
- son avis personnel : s'il était lui-même malade, ce qu'il aimerait ;
- son avis de futur professionnel de la santé, qui doit appliquer la loi (interdiction de l'euthanasie) et qui doit être à l'écoute de ses patients, et doit tout mettre en œuvre pour favoriser leur bien-être.

QCM d'entraînement

Pour certaines questions, il est possible de cocher plusieurs réponses.

① La création de l'Organisation mondiale de la santé date de :

☐ 1907
☐ 1925
☐ 1946

② Reconstituez la pyramide de Maslow.

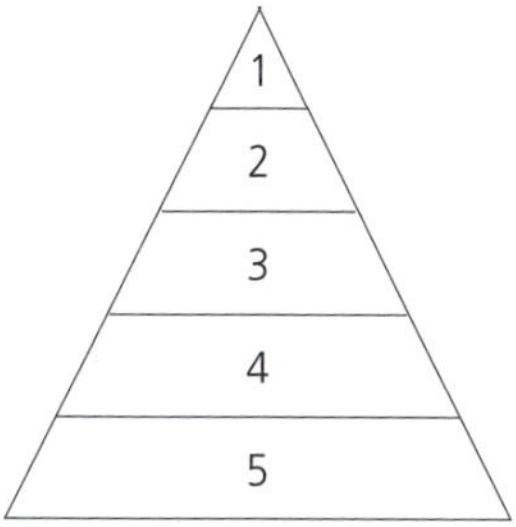

1. Besoins ....
2. Besoins ....
3. Besoins ....
4. Besoins ....
5. Besoins ....

③ La morbidité est appréciée par le nombre de décès.

☐ Vrai
☐ Faux

④ Le taux de mortalité correspond au nombre de décès par rapport à l'ensemble de la population (moyenne sur une année).

☐ Vrai
☐ Faux

⑤ Être en bonne santé, c'est ne pas être malade ou infirme.

☐ Vrai
☐ Faux

⑥ Les agents nocifs contenus dans la fumée de cigarette sont d'environ :

☐ 40
☐ 400
☐ 4 000

⑦ Le cannabis est considéré comme une substance ayant un effet :

☐ sédatif
☐ hallucinogène
☐ excitant

⑧ Cochez les drogues licites (en France).

☐ Cannabis
☐ Antidépresseur
☐ Cigarette
☐ GHB
☐ Cocaïne
☐ LSD

⑨ La pratique intensive du sport peut perturber la fertilité.

☐ Vrai
☐ Faux

⑩ Les corticoïdes et les amphétamines sont des substances dopantes.

☐ Vrai
☐ Faux

⑪ Un indice de masse corporelle à 30 correspond à :

☐ corpulence normale
☐ surpoids
☐ maigreur
☐ obésité

⑫ Le taux des petits Français en surpoids et obésité atteint :

☐ 3 %
☐ 7 %
☐ 18 %

⑬ EPODE, PNNS, SSBE sont des programmes liés au mieux-manger et à la pratique d'activités physiques.
- ☐ Vrai
- ☐ Faux

⑭ Le pourcentage des adolescents souffrant de dépression est de :
- ☐ 3 %
- ☐ 8 %
- ☐ 14 %

⑮ HAS signifie :
- ☐ Handicap Adolescence Suicide
- ☐ Haute Autorité de Santé

⑯ Tout enfant porteur de handicap peut être scolarisé.
- ☐ Vrai
- ☐ Faux

⑰ Le sigle CLIS signifie :
- ☐ Classe d'intégration scolaire
- ☐ Collège à intervention spécialisée

⑱ La maladie d'Alzheimer porte ce nom à cause du :
- ☐ nom du premier patient porteur de la maladie
- ☐ nom du médecin qui a découvert la maladie

⑲ La maladie d'Alzheimer est connue depuis :
- ☐ 1911
- ☐ 1907
- ☐ 1927

⑳ La maladie d'Alzheimer est héréditaire.
- ☐ Vrai
- ☐ Faux

㉑ Le tableau 57 de la Sécurité sociale correspond aux maladies liées au plomb.
- ☐ Vrai
- ☐ Faux

㉒ L'atteinte du canal carpien est un trouble musculosquelettique.
- ☐ Vrai
- ☐ Faux

㉓ Le *burn-out* est un syndrome décrit pour la première fois par Loretta Bradley.
- ☐ Vrai
- ☐ Faux

㉔ Le *burn-out* est connu depuis 1969.
- ☐ Vrai
- ☐ Faux

㉕ Les travailleurs décédant en activité sont en moyenne :
- ☐ 6/jour
- ☐ 4/jour
- ☐ 2/jour

Correction

① La création de l'Organisation mondiale de la santé date de 1946.

② 1. Besoins de réalisation de soi, de dépassement
2. Besoins d'estime (reconnaissance, sentiment d'être utile)
3. Besoins sociaux (d'amour, d'appartenance)
4. Besoins de protection et de sécurité
5. Besoins physiologiques, de maintien de la vie

③ Faux.

④ Vrai. Le taux de mortalité correspond au nombre de décès par rapport à l'ensemble de la population (moyenne sur une année).

⑤ Être en bonne santé, c'est ne pas être malade ou infirme mais pas seulement, car il faut y inclure le bien-être physique, mental et social.

⑥ Les agents nocifs contenus dans la fumée de cigarette sont au nombre d'environ 4 000.

⑦ Le cannabis est considéré comme une substance ayant un effet sédatif, hallucinogène et excitant.

⑧ Les drogues licites sont les antidépresseurs et la cigarette.

⑨ Vrai. La pratique intensive du sport peut perturber la fertilité.

⑩ Vrai. Les corticoïdes et les amphétamines sont des substances dopantes.

⑪ Un indice de masse corporelle à 30 correspond à : surpoids (limite haute), voire obésité (limite basse).

⑫ Le taux des petits Français en surpoids et obésité atteint 18 %.

⑬ Vrai. EPODE, PNNS, SSBE sont des programmes liés au mieux-manger et à la pratique d'activités physiques.

⑭ Le pourcentage des adolescents souffrant de dépression est de 14 %.

⑮ HAS signifie Haute Autorité de Santé.

⑯ Vrai. Tout enfant porteur de handicap peut être scolarisé.

⑰ Le sigle CLIS signifie classe d'intégration scolaire.

⑱ La maladie d'Alzheimer porte le nom du médecin qui a découvert la maladie.

⑲ La maladie d'Alzheimer est connue depuis 1907 (première description).

⑳ Vrai. La maladie d'Alzheimer est héréditaire pour certaines formes.

㉑ Faux. Le tableau 57 de la Sécurité sociale correspond aux maladies TMS (troubles musculosquelettiques).

㉒ Vrai. L'atteinte du canal carpien est un trouble musculosquelettique.

㉓ Vrai. Le *burn-out* est un syndrome décrit pour la première fois par Loretta Bradley.

㉔ Vrai. Le *burn-out* est connu depuis 1969.

㉕ Les travailleurs décédant en activité sont en moyenne 2 par jour.

Auto-évaluation du QCM de culture générale

Reportez le résultat de vos réponses et comptez un point par bonne réponse.

<table>
<tr><td rowspan="6">Culture générale</td><td>Questions 1, 2, 3, 4, 5</td><td>Questions 6, 7, 8, 9, 10</td><td>Questions 11, 12, 13, 14, 15</td><td>Questions 16, 17, 18, 19, 20</td><td>Questions 21, 22, 23, 24, 25</td></tr>
<tr><td>… /5</td><td>… /5</td><td>… /5</td><td>… /5</td><td>… /5</td></tr>
<tr><td colspan="5">Vous avez moins de la moitié des réponses bonnes, vous devez travailler les fiches suivantes :</td></tr>
<tr><td>Fiches 1, 2</td><td>Fiches 3, 4</td><td>Fiches 5, 6</td><td>Fiches 7, 8</td><td>Fiches 9, 10</td></tr>
<tr><td colspan="5">Vous avez plus de la moitié des réponses bonnes, poursuivez ! Relisez bien les fiches et renforcez vos connaissances en vous entraînant.</td></tr>
<tr><td colspan="5">Vous n'avez que des bonnes réponses ! Bravo, vous avez bien intégré les connaissances de base pour réussir la partie écrite et le sujet de l'oral du concours. Continuez à vous entraîner régulièrement et à suivre l'actualité.</td></tr>
</table>

Achevé d'imprimer en octobre 2018
sur les presses de la SEPEC (France)
Numéro d'impression : 09463180933
Numéro d'éditeur : 2018_0855
Dépôt légal : octobre 2018

IMPRIM'VERT®

PEFC™ **10-31-1470 / Certifié PEFC** / Ce produit est issu de forêts gérées durablement et de sources contrôlées. / pefc-france.org